全面改訂 第3版

ほったらかし投資術（朝日新書）

新NISA（2024年版NISA）の賢い使い方

JN047823

2024年からNISAの制度が大きく変わる。新制度は、大方の投資家にとって予想以上の規模と柔軟性を有する好ましいものとなった。その賢い利用法をご紹介する。

新NISAは、個別株投資を趣味とする投資家以外の大半の投資家にとって、「ほったらかし投資」こそがベストな利用法となるような制度に仕上がった。

現時点での正しい利用法は、結論を一言で言うと「オルカンだけを、買いたいだけ買えばいい」ということになる。もう少し丁寧に言うと、本書『ほったらかし投資術』の方針に従って、資金マネジメントを丁寧に行うことが、最善の利用法になる。どのように考えたらいいのか、右の見開きにて4原則をまとめた。

新NISA（2024年版NISA）の賢い使い方

NISAの賢い

原則1【大きく使う】

同じ投資額なら、なるべく大きな金額をNISA口座の中に置く方が有利だ。

原則2【早く使う】

原則として、NISA口座に投資資金を早く集めた方がいい。生涯投資枠を埋めるまでは、成長投資枠の一時入金機能を有効利用し、また、つみたて投資枠もなるべく大きな金額で利用するといいだろう。

原則3【長く使う】

投資対象を売買せずにじっと保有する長期投資が有利だ。投資枠の管理は簿価（取得価格）ベースなので、投資の途中で売買する簿価が上がって枠を有効利用できなくなりやすいので注意したい

新NISAで実行すべき運用は上記で尽きており、これが
と著者達は考えている。特に「成長投資枠」という言葉に誘
不適切な運用商品を選ぶことを避けたい。成長投資枠と
の単なる入金ルールであると理解しておくといい。

つみたて投資枠の対象商品は金融庁が「長期投資に
を選んだものだが、この選から漏れるような「長期投
商品」は短期投資でも文句なくダメなので、はじめか
ない。無駄な検討の手間は必要ない。

オルカンは、当初から宣言していた「業界最安の
方針に従い、信託報酬を年率0.05775%以下（税
ことを2023年の8月に発表した。今や、最良と
を持つ商品が、運用資産額100万円に対して、
コストで運用できるのだ。

尚、投資すべき商品はオルカンに限るわけ
金融機関等の事情によっては、同等の運用コ
資する他社のインデックスファンドでもい

利用法4原則

原則4【シンプルに使う】

『ほったらかし投資術』では、全世界株式のインデックスファンドで信託報酬が安く、資産残高が大きくて運用が安定している商品への投資を勧めている。

具体的には、通称「オルカン」こと、三菱UFJアセットマネジメントの「eMAXIS Slim 全世界株式（オール・カントリー）」を勧めているが、つみたて投資枠でも成長投資枠でも、このファンドに投資するといい。

投資対象を絞ることで、資金マネジメントがやりやすくなるので、新NISAの長所である流動性の高さを活かしやすくなる。

なら他の全世界株式インデックスファンドや、運用内容が似ている世界株式（日本株を除く）や先進国株式のインデックスファンドに投資しても大差は無いので構わない。世界の株式市場が結びつきを深めて、同時に同様に動く傾向を増していることと、運用管理のシンプルさが、筆者達が『ほったらかし投資術』の今回の版で「全世界株式のインデックスファンド一本」に運用商品を絞った理由だ。細かなことにはこだわらなくていい。

但し、運用商品のコストは具体的に把握しておきたい。「100万円当たり年間578円」と較べてみて悔しくないかは、よく考えてみる価値がある。

著者達の願いは、読者が最小の手間と良好な精神衛生の下に合理的な資産運用を行って、良い人生を送っていただくことにある。読者のポートフォリオと人生のご多幸を祈っている。

2023年11月吉日

山崎元、水瀬ケンイチ

制度のポイント

制度の詳しい説明は金融庁のホームページを見ていただくとして、新NISAの制度を「運用をする上での」ポイントに絞って以下にまとめてみた。

①【運用益非課税】

NISA口座内の運用益が非課税になる。仮に投資の期待リターンを年率5%とすると、ざっくり年率1%程度、課税口座よりも有利だと考えられる。

②【年間投資枠360万円】

つみたて投資枠で120万円、投資タイミングが自由な成長投資枠で240万円まで、年間に投資可能だ。

③【生涯投資枠1800万円】

一人で合計1800万円まで（取得価格ベース）投資可能だ（うち「成長投資枠」1200万円まで）。

④【随時解約可能】

部分・全体いずれの解約も随時可能だ。

⑤【投資枠復活】

資産を売却して空いた投資枠は翌年以降に復活し、②のルールに従って投資して繰り返し利用可能だ。

⑥【投資期間無期限】

無期限の長期投資が可能だ。

朝日新書
Asahi Shinsho 857

全面改訂 第3版

ほったらかし投資術

山崎　元
水瀬ケンイチ

朝日新聞出版

まえがき

ほったらかし投資の「公式本」を目指して

「ほったらかし投資術」の〝公式本〟をあらためて作りたい。これが、著者達にとって、今回の改訂の最大のモチベーションです。

「ほったらかし投資術」のオリジナル版が出たのは2010年でした。まだ、リーマン・ショック（2008年）の後遺症が、経済にも株式市場にも残っていました。因みに、共著を出すことになったのは、山崎が水瀬ケンイチさんのブログ「梅屋敷商店街のランダム・ウォーカー」を読み、正確な情報と誠実な文章を見込んで、「個人投資家の気持ちが分かる共著者が欲しい」と思って、彼に声を掛けたことがきっかけです。

改訂版となる『全面改訂　ほったらかし投資術』は2015年に出版され、ありがたいことに、2冊とも著者達の期待以上に広く読まれました。この間、「ほったらかし投資（術）」という言葉が、半ば普通名詞のように、広く流通するようになりました。これは、著者達にとって望外の喜びでした。われわれも、それぞれに「ほったらかし投資」という言葉をタイトルに含むムック本を出していますし、その他にも、「ほったらかし投資」をタイトルにする書籍が出版されています。

著者達は、「ほったらかし投資」にオリジナリティーを主張して、この言葉を商標登録するような狭い了見を持ち合わせていません。「ほったらかし投資（術）」という言葉は、誰が使っても構いません。本のタイトルに使って頂いても結構です。

しかし、もとになった本の書き手として、「ほったらかし投資」を現時点にあって可能な限り正しく説明する〝公式本〟を作りたいと思うようになりました。

「ほったらかし投資」の定義とは

さて、「ほったらかし投資」とは、どのような投資なのでしょうか？ 著者達は、次のように定義したいと思います。

「プロが考える最善の運用に大きく劣らず、なるべく簡単に実行できる、個人にとっての

資産運用の具体的方法」です。

少し理屈っぽくなりますが、「最善の運用からの距離を縮める」ことと「個人が簡単に実行できること」との間で最適なバランスを取ることによって決定される運用方法が「ほったらかし投資術」なのです。

具体的には、インデックス・ファンドと呼ばれる運用商品を使います。インデックスとは「指数」のことで、米国株のS&P500や日本株のTOPIX（東証株価指数）のような株式市場全体の動きを表すために計算されているものです。インデックス・ファンドとは、こうした指数に連動するように運用される投資信託のことです。詳しくは本文で説明しますが、運用手数料が安いことなど、幾つかの優れた性質を持っています。

今回、著者達は、過去の2版以上にこの条件を突き詰めて、統一された見解を打ち出すことを目指しました。過去の2版では、幾つかの問題について「山崎は○○のように考える、水瀬は△△のように考える」といった両論併記があったり、運用商品について「……と考える人は○○、……と考える人は△△」といった複数の選択肢の提示があったりしましたが、今回は、「かくかくの理由により、コレ！」と結論を一本化することを大方針としました。「公式本」を名乗るからには、方法を一つに決めたいと思いました。

尚、詳細は本文に譲りますが、**今回の運用方法は（著者達の熟慮の結果）過去2版と一見大きく異なります**。しかし、個人の資産運用にとって、実質的に大きなちがいはありません。仮に、２０１０年刊のオリジナル版『ほったらかし投資術』の運用方法を現在もそのまま使い続けていても何ら問題はありません。新旧の運用方法の実質的な差は「微差」です。主な差は、今回の方がより簡単だということだけです。

投資に対する考え方、大げさな言葉で「投資哲学」は、オリジナル版以来全く変わっていませんし、有効であり続けていると著者達は考えています。

そして、**「ほったらかし投資」は、「誰でもが」ほぼ最適なものとして使える資産運用方法**です。資産数百億円の富裕層は、金融マンが「ほったらかして」おいてくれないのでややこしい運用をしているでしょうが、たぶん、本書の方法の方がずっといい。一方、運用金額数百万円のサラリーマンも方法は同じでいい。そして、若い人も、高齢者も、投資の初心者も、ベテランも、実は同じでいい。

付け加えると、今回紹介する「ほったらかし投資術」の運用成績を、公的年金・企業年金・投資信託などを運用するプロの運用者が上回ることは、簡単ではありません。「最善の運用」からの距離は十分小さく保たれています。

前回改訂時からの三つの環境変化

さて、前回の改訂の主な理由は、インデックス・ファンドの商品が大きく変化したことと、「NISA《ニーサ》」と呼ばれる少額投資非課税制度が2014年に導入されたことへの対応でした。

その後、改訂版が出た2015年から現在に至るまで、個人型の確定拠出年金（通称「iDeCo《イデコ》」）が拡充されたほか（2017年）、個人の資産運用に関して、大きな環境の変化が三つありました。2018年の「つみたてNISA導入」、2019年の「老後2000万円問題」、そして、2020年の「新型コロナウイルス流行」です。

つみたてNISAは、「十分お金を貯《た》めてから投資するのではなく、お金を作るために積立投資を行う」という趣旨の制度ですが、対象となる運用商品を金融庁が厳しく選別するという特徴を持っていました。端的に言って、手数料が高過ぎる運用商品が対象から除外されることになったのです。その結果、運用会社と金融機関の間で、つみたてNISAに対応する商品で、特に本書で取り上げるインデックス・ファンドにおいて手数料の引き下げの競争が生じました。

また2019年には、「老後の備えに一人あたり2000万円程度が必要だ」という試算数字が独り歩きする、通称「老後2000万円問題」が世間を賑《にぎ》わせて、個人の資産形成に対する関心が一気に高まりました。付け加えると、老後2000万円問題の前振り的な流行として「人生100年時代」という言葉も流通しています。高齢化への経済的備えに対して人々の関心が高まったので、金融業界はこれを何とかビジネスにつなげようと、あの手この手で策を繰り出しました。

金融業界が長年「貯蓄から投資へ」と唱えていても動かなかった人々が、政府による結果的な「炎上マーケティング」を契機に一気に投資に関心を持つようになり、特に若い世代の投資口座開設が急増しました。

本文でも説明するように、「2000万円」は人によっては十分以上の金額ですし、人によっては全く足りない金額です。「自分の数字で計算し、計画し、行動する（仕組みを作る）」ことが大切になります。

そして、2020年には世界的に新型コロナウイルスの感染症の問題が起こり、世界の株価は、3月に急落して、その後に急反発する動きとなりました。過去にも例のないような急落と急騰でしたが、投資家には何ができて、何ができないのかを考える上で印象的な事例でした。

結論を言うと、**原則論としても、結果論としても、「ほったらかし投資」で良かったの**です。

付け加えると、2020年3月の株価急落は、特に若い個人の投資口座開設をさらに加速させるきっかけになりました。

さて、この「ほったらかし投資術」には、オリジナル版から一貫して、**資産形成に掛ける手間とコストを節約して、「人生を良くすること!」にこそ時間とエネルギーとお金を使いたい**と考える著者達の思想が強く反映しています。

「人生を最高に楽しむために、最も効率的なお金の運用方法とはどのようなものか?」という問いへの回答として「ほったらかし投資術」をお届けします。

お金の運用について「もう迷わないためのマニュアル本」として、是非本書をご活用下さい。

2022年1月

山崎　元

本文デザイン　フロッグキングスタジオ
写真　大野洋介
図版　谷口正孝
編集協力　高橋和彦

全面改訂 第3版

ほったらかし投資術

目次

第2章

ほったらかし投資の簡単！「実行マニュアル」 41

第3章 実際に始めてみよう！ 77

第4章

インデックス運用の基礎知識

第5章

「ほったらかし投資」実践の勘所

特別鼎談

バンガード撤退後のインデックス・ファンドの未来

第1章

ほったらかし投資と人生のお金

山あり、谷あり、長期的には山だった

インデックス投資ブロガーの水瀬ケンイチと申します。会社員として働くかたわら、この本で紹介する「インデックス投資」を２００２年頃からはじめて、もうすぐ約20年が経とうとしているところです。

この間には、２００８年のリーマン・ショックや２０１１年の東日本大震災や、最近では２０２０年にコロナ・ショックと呼ばれる大暴落がありました。インデックス投資といっても、つまるところ株式や債券などへのリスクがあるものへの投資なので、下がるときにはズドンと下がります。

山あり、谷ありで、運用資産は減ったり増えたりを繰り返してきたわけですが、ほとんど手間をかけることなく**コツコツと続けて20年経った現在（２０２２年１月）で約１億円の資産を築くことができました。**

今でも運用を続けており、今後も増えたり減ったりしていくことが予想されるため、私にとっては通過点でしかないのですが、20年間という一区切りの期間で、目標としていたひと財産を築くことができました。

もちろん、元手となる投資資金の金額もそれなりに大きく、毎月の給料の中から捻出できる最大金額を積立投資に回してきたことも事実です。持ち家ではなく、賃貸生活を続けてきたことから、持ち家派が一戸建ての家を購入したあと、毎月住宅ローンの支払いに回す金額を、投資に回してきたとイメージしていただくとだいたい合っているかと思います。

本原稿を執筆するために、年換算の収益率を算出してみたところ、年率プラス6％程度という数字となりました。メガバンクの普通預金の金利が年率プラス0・001％ですから、リスクを背負いながらではあるものの6000倍の収益率となっています。

しかし、20年間という長期間（これを本当に長期と呼べるかは議論がありそうですが）投資し続けると、大きな資産を築くことができるという長期投資の力を実感しています。

「会社から自由になるためのお金」の意味

冒頭、ひと財産作ることができたなどと偉そうなことを申し上げましたが、実際のところ、私の生活は一見何も変わっていません。毎日、会社へ出勤して（もしくは在宅勤務で）朝から晩まで忙しく働き、顧客や上司の要求に四苦八苦しながらなんとか仕事をこなして、金曜の夜はちょっといい気分でビールを飲み、土日でリフレッシュして、日曜の夜には少し悲しい気分になりながら月曜日の朝からまた働く。たまに月曜日が祝日だと飛び上がるほどうれしい、そんなどこにでもいる会社員の生活を続けています。

しかし、**会社で仕事を続けているその心象風景は、20年前とはずいぶん違うものになっています。**会社で働いてお金を稼いでいますが、会社でお金を稼がなければ生きていけないわけではありません。「経済的独立」を達成しているからです。

生活費がいくらかかるかは、家族構成や持ち家の有無など人によって違いはあるものの、仮に年間の生活費を４００万円とします（私はもっとずっと少なくても生きていけますが）。1億円を保有しているということは、少なくとも25年間は毎年４００万円を使いながら、何もしなくても生きていけるということです（100,000,000円÷4,000,000円＝25年）。

25年ですよ。私は現在40代後半のおっさんですが、40歳だったとしても、一般的な定年退職の歳《とし》である65歳（定年年齢は延長されつつありますが）まで何もしなくても生きていける。このことによる、精神の安寧、安心感は相当なものです。時に苦しくてつらい仕事をこなして、お金を稼ぐことの大変さを実感しているからこそ、ひと財産できたときの安心感が、より強固なものに感じるのかもしれません。

本来あってはいけないことですが、万が一、会社から不正を働くように強要されたり、そこまでではないとしても、人としての尊厳や人格を否定されるような要求をされたりしたときに、躊躇《ちゅうちょ》なく「NO」を突きつけられる心の余裕。なんならお偉いさんに辞表を叩《たた》きつけて、文句の一つでも言って、そのまま辞めてしまうこともできる。大ケガや大病をして長期間働けなかったとしても、生活の心配をすることなく治療や療養に専念することを優先することができる。

会社から自由になる。それが経済的独立の一面です。

「この会社をクビになったらどうしよう。数カ月くらいで路頭に迷ってしまう……」という不安や怯《おび》えから、自分がやりたいことや言いたいことを抑圧し続ける。そんなことはもうしなくてもいい。

もちろん、だからといって、傍若無人にふるまうわけではありません。時には理不尽な状況であっても「申し訳ありません」といって頭を下げます。組織は、社員各位が好き勝手に行動していては機能しません。役割を分担してそれを果たすことではじめて組織として機能します。

ただし、私は頭を下げながらも、人格を否定されたと落ち込むことはないでしょう。「ああ、今組織の歯車を演じているなぁ」と役割を果たす「ロールプレイングゲーム」のようなものだと考えます。嫌な仕事を、仕事だと割り切れることもまた、経済的に独立した人の強さの一つだと思います。

このことは何も会社との関係にとどまりません。**経済的独立を達成していれば、そもそも働くかどうか、住む場所、人間関係、行きたいところ、やりたいことなど、自分の意思によって自由に選択できる範囲が格段に広がります。**もちろん、その上で、今までどおりの生活を続けていってもいいわけです。

たどり着いた方法論は「たった、これだけ」がベスト

そんな経済的独立を達成するほどの資産を作りたい。そこまでいかなくても、まとまった金額の資産を作りたい。そう思う人が次に直面する壁が、「お金を稼ぐことの大変さ」です。そのために、会社で歯を食いしばって昇進を目指したり、土日も副業に励んだり、そして、難しい投資にチャレンジしたりするわけです。

私も最初から今やっている投資法（インデックス投資）で投資の世界に入ったわけではありません。２０００年当時、多くの個人投資家がそうであったように、コンビニに置いてあったマネー誌や書店で平積みになっていた株式投資入門を適当に買いあさって、見よう

見まねで日本株の個別株投資からスタートしました。

いろいろな方法を試してみました。まずは、マネー誌で盛んに取り上げられていたチャート分析（テクニカル分析）と呼ばれる投資法です。株価チャートの折れ線グラフと移動平均線を見て、ゴールデンクロスで買ってデッドクロスで売ってみました。「グランビルの法則」を知ると、これに従って200日移動平均線を見て売買もしてみました。

やがて、ファンダメンタル分析と呼ばれる王道の投資法も試すことになります。財務諸表の数値を使って適正株価を計算して、割安な銘柄を買って、割高な銘柄を売る方法です。低PER（株価収益率）や低PBR（株価純資産倍率）の銘柄をスクリーニングして投資したり、フリーキャッシュフローがプラスの銘柄に投資したりもしました。逆張りがいいらしいと、ニュースで悪材料が出た銘柄にあえて投資してみたり、あるいはそれらの組み合わせで投資してみたり……。

それらの個別株投資を続けた2年間は、私の中では「暗黒時代」の2年間でした。何度となく儲《もう》かったり損したりしましたが、冷静に計算してみると、結局はだいたいプラスマイナスゼロ、手数料分が確実に損失になっていました。

投資額がまだ小さかったこともあり、実害はそれほど大きなものではありませんでしたが、**2年間かけた時間と努力に対して、リターンがほぼなかった**ことに、非常にむなしくなったのを覚えています。そして、自分なりに分かったことが二つありました。

個別株投資へのむなしさ

一つめは、**個別株投資は生活に支障をきたす**ということです。

これは個別株投資自体が悪いのではなく、おそらく自分の性格に原因があると思うのですが、四六時中、株のことが気になってしまうのです。

株式市場が開いているのは平日の昼間であり、当然、会社での仕事中です。オフィスで仕事をしながら、Ｙａｈｏｏ！ファイナンスに自分が投資している銘柄を登録して、仕事中にもニュースをチェックするかたわら、ひそかに投資銘柄の株価をチェックしてしまう自分……。

業績の下方修正、突然の公募増資、ライバル企業の参入……悪材料はいつ飛び込んでくるか分かりません。投資している銘柄の株価の損益（儲かっているか損をしているか）が気になるというよりも、自分が知らないところで投資している銘柄に悪いニュースが出て、自分だけ逃げ遅れるのではないかという恐怖感のほうが大きかったように思います。悪材料が出ていないか、常にチェックしていないと不安だったのです。

悪材料が出たら、一目散にトイレに駆け込み、ケータイで売却なんてこともありました。「デイトレーダー」ならぬ「トイレトレーダー」の誕生です。本業がおろそかになってしまっては本末転倒だと頭では分かっていても、時々刻々と変わる投資銘柄の周辺情報に、完全に振り回されてしまっていました。

せっかくの休日も、やれチャート分析だ、ファンダメンタル分析だと、株式のことで頭がいっぱいです。分析というのは、いくらやってもキリがありません。特に、投資銘柄の四半期決算の後は、決算短信を読み込むことで土日は丸々つぶれてしまいました。

分かったことの二つめは、**個別株投資では、どんなに厳選した銘柄も市場全体が下落するとそれにつられて一斉に値下がりしてしまうことがある**ということです。

例えば、2003年4月28日、日経平均算出開始以来の最安値（ザラ場7603・76円、終値7607・88円）に向かって、市場全体が大きく下がりました。土日をつぶして分析に分析を重ねて選び抜いた銘柄が、日経平均が下がるのと連動して、一斉に値下がりしてしまうのです。

これは、かなりショックでした。自分が積み重ねてきた努力が水泡に帰すというか、個別株投資に対してある種のむなしさを覚えたものです。こんなことを何度も体験しました。

今にして思えば、努力して銘柄を厳選に厳選を重ねれば、市場全体が下落しても下落しない、いや逆行高する銘柄を選べるはずだという過信があったのだと思います。

私は日本株の個別株投資が悪いと言っているわけではありません。それで財を成した方も大勢いらっしゃることでしょう。ただ、自分には「合わなかった」のだと理解しています。

そして今ふり返ると、チャート分析やファンダメンタル分析は、投資の王道であるかもしれないけれど、実は、大半の日本人には合わないのではないかという確信めいたものが私の中にあります。

なぜなら、**今の日本には、「世界中に分散投資した低コストなインデックス・ファンドを、毎月淡々と積み立てる」だけで完結する、いわゆる「インデックス投資」が、誰でもかんたんに実行できる環境が整っている**からです。

これは、20年前の私が喉から手が出るほどほしくてほしくて、それでも得られなかったものです。

インデックス投資を行うために必要不可欠な商品・サービスとともに、金融先進国である米国に勝るとも劣らないすばらしい状況に今や日本はなっていることを、どれだけの日本人が意識しているでしょうか。あまり知られていないと思います。

今こそ、投資を始める前の選択肢に、昔ながらのチャート分析、ファンダメンタル分析に続く第三の選択肢「インデックス投資」を加えてほしいと強く思います。

投資のプロの運用がほったらかし投資に負ける？

日本には数々の「道」があります。剣の道には剣道、弓を射る道には弓道、柔術の道には柔道、文字を書くにも書道があり、お茶を淹《い》れるにも茶道、花を活《い》けるのにも華道があります。これらはどんなシンプルなことにも「道」を極めることが大切で、その技を磨く稽古を通じて人格形成を目指す「道」の理念が加わったものだと理解しています。すばらしいことです。

しかし、個人的に、こと投資に関しては「道」の考え方は合わないのではないかという確信があります。剣道も弓道も書道も、練習すればするほど腕は上がって、強く上手にな

図1
5年間の成績がインデックスに負けたアクティブ・ファンドの比率

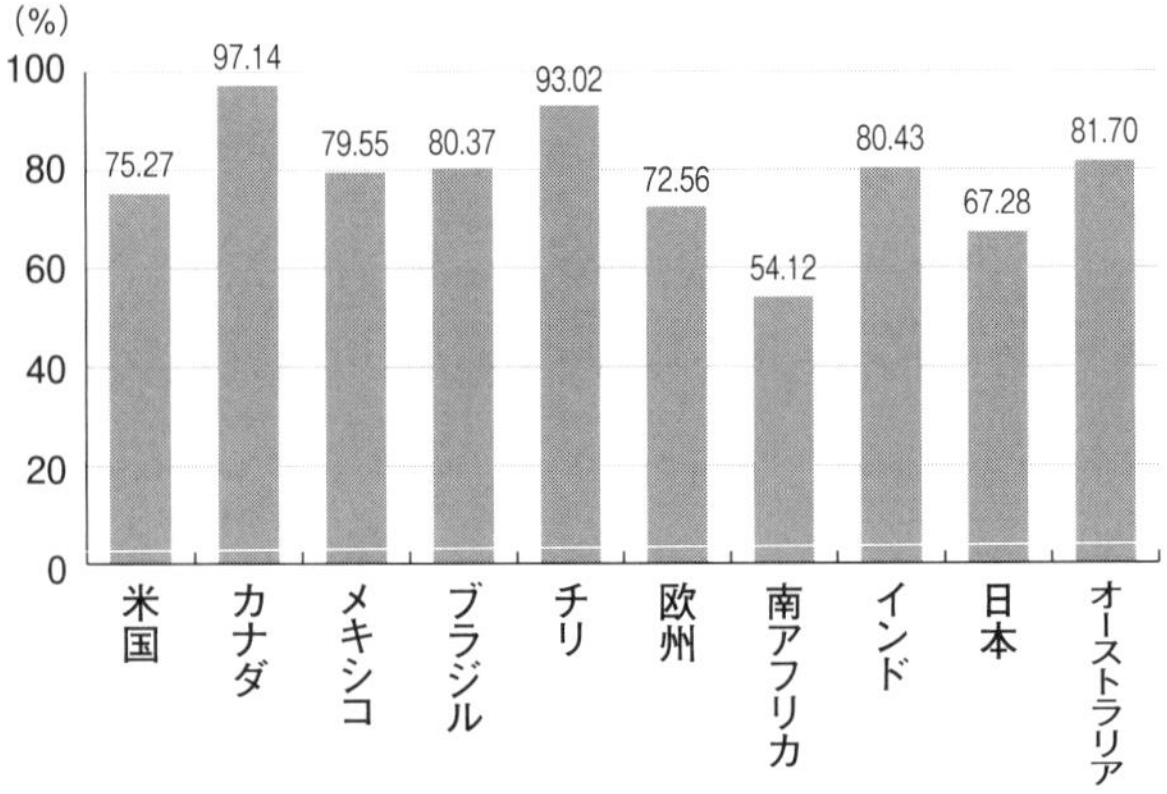

SPIVA®「STATISTICS & REPORTS 2020」より水瀬作成

っていくものです。

ひるがえって、投資はどうでしょうか。投資道があるとすれば、投資のプロがそれに最も近いはずです。彼らは日々、情報を収集し、投資対象の銘柄選定を行い、投資タイミングを見計らってトレードを繰り返す。その結果、無敵のトレーダーが毎年続出しているのでしょうか。

前述のような**投資のプロが銘柄選定して投資タイミングを見計らって売買するような運用のことを「アクティブ運用」**といい、**市場平均に淡々と連動するだけの運用を「パッシブ運用」**といい、多くのインデックス運用がこれに当たります。プロが運用するアクティブ運用のファンドの7~8割はインデックスに負けているのです。しかも、毎年毎年、同じ傾向が繰り返されているのです。

S&P ダウ・ジョーンズ・インデックス社が毎年発表している「SPIVA®」というアクティブ運用とパッシブ運用（インデックス）のパフォーマンス比較データがあります。直近2020年の結果を見てみます。

グラフでは、5年の成績がインデックスに負けたアクティブ型投信の比率を国別に見せています。米国、カナダ、メキシコ、ブラジル、チリ、欧州、南アフリカ、インド、日本、オーストラリアの10カ国・地域です。

ご覧のとおり、2020年も**アクティブ・ファンドの大半が、単なる市場平均であるインデックスに負けています**。プロの運用としてはお粗末な結果と言わざるを得ません。しかも、これはS&P ダウ・ジョーンズ・インデックス社の調査結果だけでなく、世界中で同様の調査結果が出ており、また2020年だけの傾向でもなく、毎年観測されている知る人ぞ知る「不都合な真実」なのです。

投資は決して「めんどう」ではない

　このように、投資の世界ではプロであるはずの人が、その実力どおりの成績を収められないことが分かっています。であるとするならば、投資が趣味でも仕事でもない私たち一般の日本人にとっては、「投資道」を極めようとすることよりも、単なる市場平均であるインデックス、それも世界中に分散投資した低コストなインデックス・ファンドを毎月淡々と積み立てるだけで完結する、いわゆる「インデックス投資」を最初から選択してしまうことが理にかなっていると思うのです。

　なんといっても、この投資法は手間がかからないことに関しては右に出るものがないほどシンプルでかんたんな投資法だからです。

「そんな手抜きみたいな方法で儲かるはずがない」

　そう思われる方もいらっしゃることでしょう。しかし、例えば年金基金のように他人のお金を預かって運用する機関投資家が、インデックス運用を広く採用しているといったら

図2
パッシブ運用及びアクティブ運用の割合（2021年3月末時点）

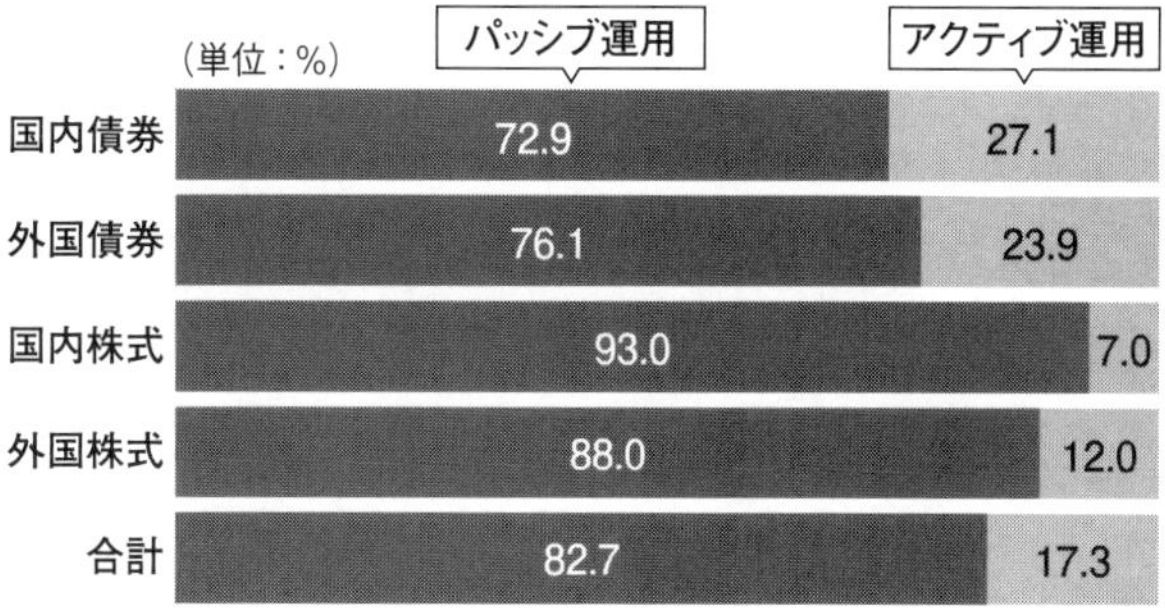

年金積立金管理運用独立行政法人「年金積立金はどのように運用しているのですか。」より引用

どう思われるでしょうか。

実際に、私が将来お世話になる**日本の公的年金の積立金を運用するGPIF（年金積立金管理運用独立行政法人）が、ほとんどインデックス（パッシブ）運用**だと知ったらどうでしょうか。

「株式や債券の運用によって得られる収益（儲け）は、短い期間ではプラスやマイナスに大きく振れる可能性がありますが、長期的に見れば、世界の経済活動などに資金を提供する対価として、元手を増やすことができています。GPIFによる年金積立金の運用は、株式や債券などの資産を長期にわたって持ち続ける『長期運用』によって、安定的な収益を得ることを目指しています」（「長期的な観点からの運用」年金積立金管理運用独立行政法人）

ＧＰＩＦが運用するのは、国民の老後の生活を支える公的年金なので、いわゆる失敗できないお金です。当然、その運用は効率的かつ合理的であることが厳しく問われます。

そのＧＰＩＦが選択しているのが「投資道」ではなく、インデックス運用だという事実は、私たちがこれから取り組もうとしている投資法が、スタンダードな投資法であることを示してくれています。少なくとも、海のものとも山のものとも分からないものではないことはお分かりいただけるのではないでしょうか。

誰でも同じ方法でいい

そしてこの「インデックス投資」は、理屈はいろいろあるものの、私たち個人投資家にとってありがたい際立った特徴を持っています。

「再現性」が高いのです。冒頭、私が年換算収益率6％で20年間運用して1億円を作ることができたと書きました。投資金額はともかく、年換算収益率6％で20年間運用すれば、誰でも同じ収益率が再現できます。これは、インデックス投資の表現方法が極めて具体的であるためです。

例えば、「ＭＳＣＩ ＡＣＷＩ連動のインデックス・ファンドに月5万円投資する」といえば、先進国23カ国及び新興国23カ国の大型株と中型株で構成されている2480銘柄に対して、日本：先進国：新興国＝1：8：1の割合で投資することと同義です。定量的で明確です（2022年の本書執筆時点で、日本株は1割を切っています）。

一方、例えばファンダメンタル投資でよく言われる教えである「利益率が高い企業に投資する」（高い？ 何%以上だと高い？ 国や業界によって違う？）、「PERが低い企業に投資する」（低い？ 10倍以下と言われてるけど、業界によって違う？ 赤字企業のPERはどう評価するの？）、「投資銘柄は分散する」（具体的にいくつ？ 日本の企業だけでいいの？ 米国など先進国は？ 中国など新興国は？）など、他の投資法には定性的で曖昧さが残ります。

その点、**「同じポートフォリオで同じ時期に投資すれば皆同じ結果が出る」**というインデックス投資の再現性の高さは、共に歩む投資家同士が、裏をかき合う敵対関係にないということでもあります。

「人の行く 裏に道あり 花の山」という有名な投資格言があります。株式市場で利益を得るためには、他人とは逆の行動をとらなくてはならないという格言です。一般的な投資の常識では、他人の先回りをしたり、裏をかいたりする必要があるとされています。

しかし、驚くべきことに、インデックス投資は「誰でも同じ」で良いのです。**「世界中**

に分散投資した低コストなインデックス・ファンドを、毎月淡々と積み立てる」だけです。世界中への分散割合も、世界の株式時価総額比率そのもので良いというファイナル・アンサーがもう出ています。あとの章でじっくり解説します。

インデックス投資家になって、何が変わったか

小難しい投資をあれこれ試していた私が、インデックス投資を実際にはじめてみたところ、どうなったのかをお話ししましょう。

生活が一変しました。

まず、仕事に集中できるようになりました。もう仕事中に投資銘柄の株価をチェックすることはなくなりました。持ち株関連のニュースを常にウォッチすることもなくなりました。もちろん、トイレトレードもなくなりました。

土日も自分の自由な時間を取り戻しました。チャート分析や企業の財務諸表を読み込むことはなくなり、ゆっくりとした休日らしい休日を過ごせるようになりました。

証券会社のホームページにログインするのも、せいぜい週1回ほど。やがて、月1回程度になりました。

趣味のバス・フィッシングとスノーボードがぐっと上達しました。ちょうどその頃に結婚もしました（これは関係あるかどうかは分かりませんが）。

投資を知らなかった頃の自分らしい生活に戻ることができたのです。改めて、あの頃は四六時中、投資に追い立てられていたなあと感じます。2年近く暗闇の中でもがいていたところに、目の前がぱっと明るく開けた感覚です。

かつてと違うのは、自分らしく生活しながらも、一方でしっかり資産運用も継続できているということです。でも、個別株投資に比べて、手間はほとんどかからず楽ちんです。

最初にセットを決めたら、あとはほったらかし。

私がやっているインデックス投資は、ある程度のリスクさえ覚悟してしまえば、基本的には「毎月インデックス・ファンドを積立投資してあとはほったらかし」ということになります。

手がかからないので、日常生活は自由時間がたっぷり確保できます。仕事に打ち込むもよし、趣味に没頭するもよしだと思います。私の場合は、幸か不幸か、インデックス投資ブログを書いているので、日常的に投資関連の情報に触れてはいますが、一般の方は、常に投資の情報を集めたりする必要はありません。

投資のことで頭がいっぱいになって他のことが手に付かなくなっている方にこそ、インデックス投資をおすすめしたいと思います。どうか、投資に振り回されてしまった私の二の舞いにはならないでください。

何よりおすすめしたいのが、仕事が忙しい方です。インデックス投資なら少ない自由時間の中で投資運用ができますので、力いっぱい本業に邁進《まいしん》できます。

それから、意外に合うのではないかと思っているのが、女性の皆さんです。米国のある調査によると、頻繁な証券または投信の売買が取引手数料や税金を引き上げ、結果的に運用収益にマイナスの影響を与えることになると分かっていても、男性は女性よりも約45〜67%程度多く売買を繰り返す傾向にあるそうです（「女性と男性――投資スタイルの違い」〈マネックス証券サイト内のバンガード提供のコラムより〉）。ガンガン売買する男性像と、それをさめた目で見ている女性像が目に浮かびます。

コツコツ型のインデックス投資はギャンブル性が薄く、一般的に「一発当ててやろう」というヤマ師が多い男性よりも、女性に向いているのかもしれません。

お金のストレスから解放されて人生を楽しもう！

私がインデックス投資をはじめて、約20年の歳月が経ちました。その間には、例えば2006年にいわゆる「ライブドア・ショック」が起こり、東京証券取引所が一時取引停止になるほどの大混乱が起こりました。08年には「100年に一度」の大暴落と言われたリーマン・ショック、10年には欧州債務危機、本書の初版の上梓《じょうし》（10年12月）後の11年には「1000年に一度」の大災害と言われた東日本大震災など、いろいろな出来事が起こりました。さらに、本書の全面改訂版の上梓（15年6月）後の16年にはブレグジット・ショック、最近では2020年にコロナ・ショックが起こっています。

そのたびに市場は暴落しましたが、一方で、市場はしぶとい回復を見せ、時折、「アベノミクス相場」「トランプ・ラリー」のような大きな上昇相場もあり、市場は上げ下げを繰り返してきました。

その間、私はずっとバカの一つ覚えのように同じことをやってきました。一定の比率で、インデックス・ファンドを毎月積み立て続けてきたのです。

その結果、冒頭に申し上げた1億円を作ることができました。現在も運用は続けており、こうしている間にも増えたり（減ったり）しています。ただし、これを取り崩し始めるのは、まだまだウン十年先の将来です。現時点の利益の金額にあまり意味はないと思っています。

重要なのは、**投資にたいした手間をかけることなく（ほぼほったらかしで）、仕事や趣味をエンジョイしながら、この利益を得ることができた**という事実です。私にとっては、このことがいちばんありがたいのです。

もちろん、同じ期間でもっとたくさん儲けた方々も、たくさんいらっしゃると思います。私が得た利益は、まさに「市場の平均」程度です。それでも、長期間市場に居続けることで、資本主義経済がゆっくりと成長するおこぼれにあずかる程度の利益であれば、たいした手間もかけずに得ることはできるということです。そして、それは個人の能力にかかわらず、極めて再現性が高いのです。

インデックス投資を選ぶことで省いた手間と時間は、仕事や家族との時間などもっと大切なことに思う存分あててほしい。そして、できれば経済的独立を達成して、お金のストレスから解放された人生を楽しんでほしい。心からそう思います。

第2章

ほったらかし投資の簡単！「実行マニュアル」

たったこれだけ！　実行マニュアル

本章では、ほったらかし投資の具体的な実行方法を説明します。

先《ま》ず、方法の要点をコンパクトにお伝えして、その後に実行に必要なプロセスについて補足的な説明を行う二段階の説明方法を採用します。投資についてある程度の理解や経験のある方であれば、以下の「ほったらかし投資術・実行マニュアル」（2ページに満たない文字量です）だけ見て頂けたら、ほったらかし投資を十分実行に移すことができるでしょう。

それでは、ほったらかし投資術の実行マニュアルをご覧頂きましょう（44ページ）。

❶早くから投資を始めて、投資資金を育てる

運用資金以外に、主に生活費に充てる予備資金をいくら確保すべきでしょうか。本書では、3カ月〜6カ月程度と小さめに設定しました。生活に必要な支出に十分備えられて、カードローンやカードのリボルビング払いのような「短期の借金」を決して作らずに済む程度のお金を銀行の普通預金に確保して下さい。これ以外のお金を全て「運用資金」とみ

なして、ほったらかし投資の対象にします。

十分な投資資金がまだないと感じている投資の未経験者は、予備資金を確保したら、積立投資でほったらかし投資を始めることをお勧めします。

「もっと大きな資金を別途用意してから投資する方が、精神的な安定を得られる」という考え方にも一理あるのですが、**投資を小さな金額から早く始めつつ、資産の形成を目指す方針が合理的**です。

２０１７年に金融庁が個人の金融行動を広く調査したところ、個人が投資を行わない理由として最多の回答は「投資できる十分な資金がないから」でした。投資は、お金を十分持ってから行うものだという先入観があったのでしょう。

これに対して「十分なお金を作る手段として投資を使うといい」というメッセージを込めて積立投資の制度を作ったのが、２０１８年から始まった「つみたてＮＩＳＡ（少額投資非課税制度）」という制度です。生活資金を確保したら、早くから投資を始めるという方針は、つみたてＮＩＳＡの精神に沿ったものだとも言えます。

一つの注意事項は、予備資金だけではお金が足りない事態が起こったら、インデックス・ファンド又は個人向け国債を必要な額だけ速やかに換金して、支出に充当することで

［ほったらかし投資術］実行マニュアル

1

概《おおむ》ね3カ月～6カ月分の生活資金を確保して、普通預金に置く。それ以外のお金を「運用資金」と呼ぶ。

2

運用資金の中から、リスクを取って運用してもいいと考える「リスク資産」の保有額を決定する。リスク資産の額は「最悪の場合1年後に3分の1程度損をするかも知れないが、同程度の確率で4割くらい儲かる場合もあり、平均的には年率5％程度の収益率が見込める資産をいくら持つか」と自問して決める。「運用資金」から「リスク資産」を差し引いた残りを「無リスク資産」と呼ぶ。

3

「無リスク資産」は、「個人向け国債変動金利型10年満期」又は銀行預金（1人1行1000万円の範囲内を守ること）で持つ。

4

「リスク資産」は全て、全世界の株式に投資するローコストな（手数料の安い）インデックス・ファンド（「eMAXIS《イーマクシス》 Slim《スリム》全世界株式（オール・カントリー）」など）に投資する。

5

iDeCo（個人型確定拠出年金）、NISA、つみたてNISAなどの税制上有利な運用口座を最大限に利用する。これらの口座の運用商品選択は全世界株式のインデックス・ファンド（選択肢の中に無い場合は、後述する「全世界株式インデックス・ファンドに準ずる商品」）とする。

6

税制上有利な運用口座を活用しつつ、適宜積立投資で投資を追加するのも良い。

す。お金はそもそも使うためにあるものなので、「ちゅうちょなく」行う心構えを持ちましょう。

よくある間違いは、「自分がファンドを買った価格よりも、現在の基準価額が安いので、損だから解約できない」と感じて、何らかの借金に手を出すことです。借金の金利は、インデックス・ファンドに期待できるリターン（「収益率」。現在は、年率5％程度だと考えて下さい）よりも遥《はる》かに高いことが多く、この行動は「損」です。

また、投資は単に「資金の活用」なのであって、「勝ち・負け」で考えるべきものではありません。自分の過去の買値に影響されて判断することは明確な「誤り」です。

そう言われても、自分の買値と、ファンドの現在の値段（基準価額）との関係が気になるのは「自然な人情」ではあります。しかし、この点はドライに割り切れるように、自分を厳しくトレーニングする価値があることを強調しておきます。

お金は、「目的」ではなく、あくまでも「手段」なのです。感情を排して合理的に扱いましょう。

❷最重要！「リスク資産」への投資額の決定方法

ほったらかし投資術を実践する上で最も重要で、慣れないと少し難しいのが、「リスク資産」への投資額の決定です。この点さえ決まると、後はほぼ自動的に迷うことなく金融資産運用の内容が決まります。

この点は、著者達が過去の『ほったらかし投資術』、『全面改訂　ほったらかし投資術』で説明に苦心してきた箇所でもあります。

先ず、リスク資産への投資額は、持っている資産の中の「比率」で考えるのではなく、「金額」で考えることが適切です。ボーナス時期の新聞や雑誌などのマネー特集の記事には、多くの場合円グラフ付きで、個人の年齢・貯蓄額などに対応した「お勧めの投資配分」が紹介されますが、個人の経済的事情は、年齢、収入、貯蓄額など少数の変数で集約するにはあまりにも多様です。「比率による画一的配分」は役に立ちません。

本書の「ほったらかし投資術」が想定するインデックス投資によるリスク資産運用では、**「1年後に投資額の3分の1の損」を一応「最悪の損」のケース**と想定しています。

ビジネスにあっては、よく「プランB」と称しますが、将来の予想が悪く外れた場合にどうするかを具体的に考えておくことは、投資に限らず、人生全般にあって重要です。ある大きさの損が生じた時に、それが「致命的」だと思う人は、その金額未満に損失が収まるような金額にリスク資産への投資をとどめる必要があります。「ほったらかし投資術」の場合、「最大限許容可能な損失額の3倍」までに、リスク資産の投資額を抑える必要があります。

一方、投資を考える場合に、「最悪の損」の可能性だけを考えるのはバランスが良くありません。リスク資産への投資額は、「最悪の損」と同じくらいの確率で生じる「ラッキーな場合の儲け」も考えて判断することが適切です。この場合の儲けとして、1年後に「投資額の4割の儲け」を想像してみて下さい。

そして、**1年後に「3分の1の損」と「4割の儲け」という広い範囲で変動しながらも、「平均的な投資のリターンは年率5%だ」と考えた上で、リスク資産に「金額でいくら」投じていいか**を考えてみて下さい。

例えば投資金額が300万円だとしましょう。そうすると、1年後に最悪の場合100万円の損が起こり得るけれども、最高の場合には120万円くらい儲かる場合があり得て、この上下に広い範囲の平均として、年率5%の儲け、すなわち15万円くらいのリターンが見込めるといったイメージです。

「年率5%」がどのくらい魅力的かは人によるでしょう。リスク資産に投資できる金額の

図3　実行マニュアルの概略図

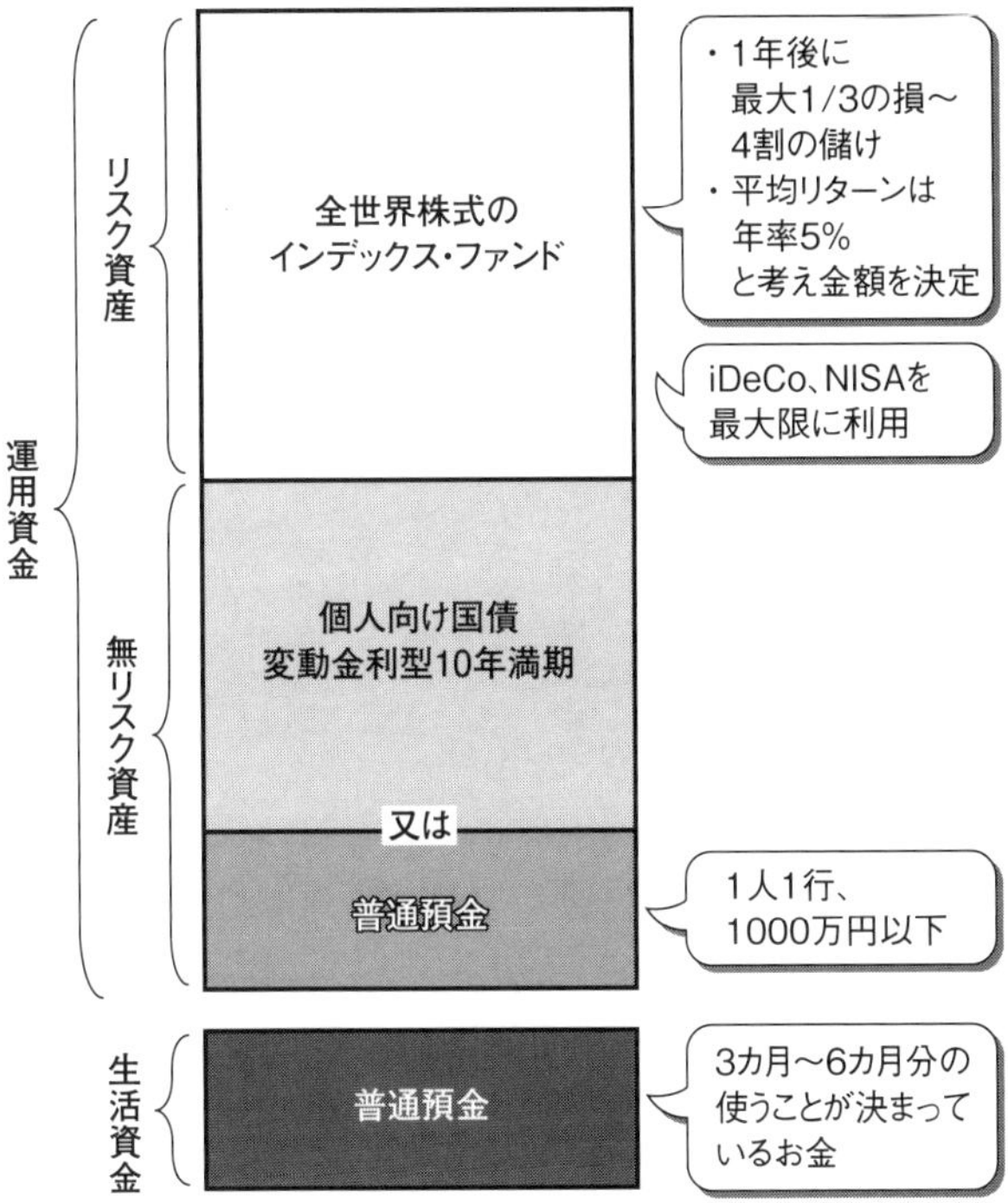
運用資金
リスク資産
無リスク資産
生活資金
全世界株式の
インデックス・ファンド
・1年後に
最大1/3の損～
4割の儲け
・平均リターンは
年率5%
と考え金額を決定
iDeCo、NISAを
最大限に利用
個人向け国債
変動金利型10年満期
又は
普通預金
1人1行、
1000万円以下
普通預金
3カ月～6カ月分の
使うことが決まって
いるお金

上限は「最大限許容可能な損失額の3倍」だと申し上げましたが、「年率5%ならリスクに対して十分魅力的ではない」と思う人は、上限額いっぱいまで投資する必要はありません。

世間では「投資しないと、老後の資金が足りなくなって、不幸な老後になる」と脅す人が少なからず存在しますが（主に金融ビジネスの関係者です）、計画的にお金を貯めて、支出するなら、老後の生活破綻《はたん》の心配をする必要はありません。人は、投資をしなくても幸せな人生を送ることが十分可能です。

投資は「やらなければいけないもの」ではなく、「やると有利だと思った人がやるもの」というのが、「ほったらかし投資術」の基本思想です。

尚、統計の初歩の知識をお持ちの読者に、「下限がマイナス3分の1で、上限がプラス4割で、平均が5%」という想定の根拠を以下に説明しておきます。

リスク資産運用の期待リターン（確率で加重して求めた平均の収益率）を5%、資産価値変動のリスクを1標準偏差単位で19%と想定して求めたものです。下限の方は、5%から19%の2倍を引いてマイナス33%、上限の方は、5%に19%の2倍を足して43%となることから、大まかにプラス4割と考えることにしました。

期待リターンの5%も、リスクを表す標準偏差の19%も、年金基金や信託銀行など、いわゆる機関投資家が使っている運用計画の前提数値から求めたものです。

株式での運用の期待リターンは、世界的にリスク無しの金利プラス5~6%が多く、広範囲な株式のインデックス運用のリスクは、計算期間によって異なりますが、16~22%くらいの範囲に収まることが多い。

運用計画を考える上で、リターンもリスクも必要なのは将来の予測値ですが、これを厳密に求めることができる上手《うま》い方法は残念ながら存在しません。過去のデータを詳しく分析しても、将来の経済をシミュレーションするモデルを動かしても、上手く行かないのが現実です。

これは残念なことでもありますが、「投資家全般が平均的に考えているくらいの数字」よりも優れた予測値がプロの間にも存在しません。深く勉強したり、誰か知っている人に聞くとより良い答えが分かったりするということではないので、ある意味では気が楽です。「プロができる最善の運用から大きく離れていない簡単な運用」を具体化するほったらかし投資術には十分な前提と言えます。

「許容できる損失」をどう決めるのか?

さて、大まかには「許容できる損失額の3倍までで、5%の期待リターンなら投資したいと思う金額」を投資せよという「ほったらかし投資術」ですが、個人にとっては「許容できる損失額」を決めることが意外に難しいかも知れません。

損は誰でも嫌なものなので、「許容できる損失額」など存在しないと言いたい人が少なくないかも知れません。しかし、原理的には、「嫌なものとしての損失の可能性を受け入れるからこそ、リスク資産への投資には無リスクの金利（短期国債など安全性の高い資産の利回りのことです。2022年の本書執筆時点ではほぼゼロです）よりも高いリターンが期待できる」というのが、投資の根本的な仕組みです。

株式などリスクの高い資産への投資に期待できる高いリターンと、無リスク金利の差を、投資の世界では「リスク・プレミアム」と呼びます。投資にあっては、大事な概念なので、覚えておいて下さい。

結論めいたことを断言すると、**「投資とはリスク・プレミアムのコレクション」**なのです。損の可能性から目を背けずに、リスクに向き合うことが投資には不可欠です。

「許容できる損失額」を考える一つの方法として著者達が提案できるのは、「360万円」を単位に考える方法です。

「360万円」とは何かと言うと、「老後の生活費毎月1万円」に相当する額という意味です。リタイア後の老後の年数を、少し余裕を見て30年と想定すると、30年は360カ月なので、360万円が「老後の生活費毎月1万円」になるという計算です。

例えば65歳でリタイアするとして（これからの世の中では「やや早め」かも知れませんが）平均余命を考えると85歳くらいを平均的な寿命と見ると20年ですが、当然ながら「平均」よりも長生きする人がいるので、10年ほど余裕を見た老後期間が「30年」です。

図4　リスク・プレミアムとは?

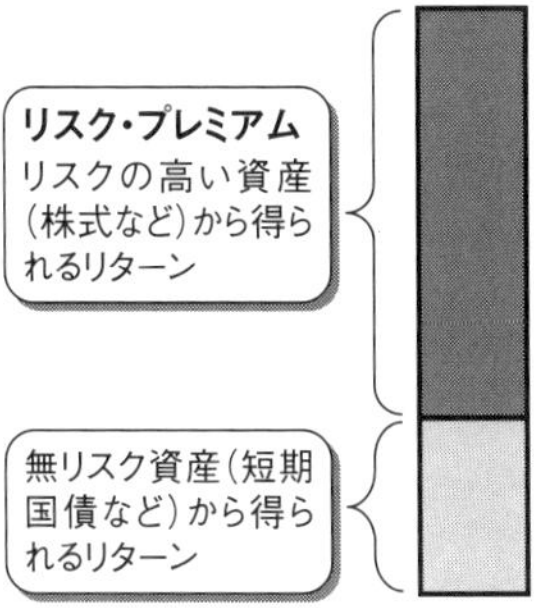

例えば、**「老後の生活費が1万円減っても大丈夫」と思える人は、360万円の損を許容することができるので、その3倍である1080万円までリスク資産に投資できる**と考えられます。

現在運用資金が3600万円ある人は、老後の生活費として年金プラス10万円を見込むことができます。

これが、「年金プラス9万円」に減っても大丈夫なら1080万円までリスク資産に投資できるし、「年金プラス8万円」でも大丈夫だと思うなら2160万円まで投資できるという計算になります。

資産額の一時的損失を直接評価するのが難しい場合、1カ月当たりの生活費のような、生活実感に近い数字に換算し直して考えてみるのが一つの工夫です。

若者も高齢者も、リスクへの考え方は同じ

さて、リスク資産への投資額について、著者達が是非お伝えしたいのは、**人は案外大きなリスクを取って運用しても大丈夫だということです。**

例えば若い人は、ある程度安定した職について健康で働いていれば、将来の稼ぎが見込めます。個人の将来の稼ぎの見込みを現在価値で評価したものを、経済学では「人的資本」と呼び、若者は概して大きな人的資本を持っています。一方、投資する金融資産の額は、まだ大きなものになっていない場合が多いでしょう。現実的には、運用資産の全額をリスク資産投資に回しても差し支えない人が少なくないはずです。

しかも人的資本には、仕事のスキルを高めたり、条件のいい職場に転職したり、より多

く働くことにしたりして、増やすことができる伸縮性があります。有り体《てい》に言って、投資で損をしても働いて取り返すことができます。また、働きを強化しなくとも、支出を切り詰めて吸収することもできます。

一人の人間の経済には、将来見込まれる稼ぎの「資産」の側面と、将来必要とする支出の言わば「負債」の側面の二つの面があり、どちらもそれなりに伸縮的です。借金をしない範囲で行う投資のリスクくらいは吸収できる場合が多いのです。

他方、高齢者はリスク資産運用を大きな金額で行うことができないかというと、必ずしもそうではありません。

高齢者の場合の財務的な強さの源は、今後の生活に必要なお金の額が見えやすいことと、個人差はあるがそれなりに大きい金融資産を持っている場合があることです。「最大3分の1の損」というリスク資産投資への想定を思い出して下さい。今後に必要なお金の合計額の1・5倍以上の金融資産を持っている人なら、全額をリスク資産投資に回しても大丈夫な理屈です。

もちろん、だからと言って、最大限のリスク資産投資を行わなければならないということはありません。しかし、高齢者の資産が家族の資産でもあり、子孫に引き継がれる資産であることを思うと、10年でも5年でも、十分な投資を行わずに資産を保有することは「もったいない」のではないでしょうか。

世間では、「高齢者はリスク資産の比率を下げる方がいい」という紋切り型のアドバイスが行われることが少なくありません。これは、「歳を取って、損を取り返す時間が少ない状況で、損をする可能性は持ちたくない」という、高齢者個人の自分の気持ちだけに焦点を当てた「自分本位な感情を想定した」アドバイスです。相続人の財産のことも考えると、お金をより有効に活用できる機会を利用しないのは、もったいないと考えられる場合が少なくありません。

もちろん、投資は第一義的には自分のために行うもので、社会のために行うものではないのですが、高齢者になるとリスク資産の運用が減り、加えて、現金に換金されて相続された財産がなかなか再投資されないことは、高齢化が進行する我が国で、「貯蓄から、投資へ」の流れに対する大きな逆流要因となっています。

もちろん、本人が納得した上ですが、**若い人も高齢者も、「案外大きなリスクを取ることができる」場合が多い**ことを知っておいて下さい。

「運用資金全額をリスク資産に回しても大丈夫なのではないか?」という想定について、

一度は考えを巡らせてみてみましょう。決定的に困るわけではないと思える場合が案外多いのではないでしょうか。

加えて、インデックス・ファンドは数日で換金できます。しかも、投資の全額ではなく一部を解約することが可能です（この点は、不動産投資などと異なる長所です）。お金が必要になれば、部分的に解約すればいいことを付け加えておきます。

❸ 無リスク資産としての個人向け国債（変動金利型・10年満期）

さて、リスク資産への投資は案外大きくても大丈夫だし、しばしば運用資金の全額がリスク資産でも構わないはずだ、とは言ってみても、「リスクを取らずに運用するお金も持っておきたい」という心理が、多くの人にあるようです。

「ほったらかし投資術」にあっては、「無リスク資産」を別途取り分けてこれを運用する方法を含めるのが適切でしょうし、読者に対して親切でもあるでしょう。

では、リスクを取らずに相対的に安心して無難に運用できる対象は何でしょうか？

この問いに対する答えとして著者達が２０１０年の『ほったらかし投資術』のオリジナル版以来ずっと採用しているのが、**「個人向け国債（変動金利型10年満期）」**です。

国債は国が発行する債券です。我が国の場合は、特に個人が購入することができる個人向け国債と呼ばれるタイプの国債が発行されています。

個人向け国債には、固定金利型の5年満期、3年満期、変動金利型の10年満期という3タイプがあります。ここでは変動金利型で10年満期のタイプのものを選ぶことをお勧めします。

このタイプの個人向け国債は、（1）長期金利（10年満期の長期国債の流通利回り）の66％の利息が半年に一度支払われる（最低金利は年率0・05％）、（2）10年目に元本が償還される国債で、（3）過去2回分の利息（税引き後の利息でいい）をペナルティとして支払うと常に元本100％で払い戻すことができる、という性質を持っています。

先ず、日本国政府が発行する国債なので、日本にある民間の銀行の預金よりも信用リスクの点では安全です。端的に言って、日本政府は日本の民間銀行よりも潰れにくいのです。

日本の銀行や信用金庫など預金受け入れ機関の円建て預金は、「1人1行1000万円」の保護範囲で、預金保険によって元利の支払いが保証されることになっています。しかし、この範囲を超える預金は、**銀行が経営破綻した場合に、元本や利子の一部ないしは全部がカットされるリスク**があります。通称「**ペイオフ・リスク**」と呼ばれるリスクです。

ペイオフとは、預金保険による清算のことを指します。

このリスクを回避するために、1行1000万円を超える預金を、銀行を分散して保有する方法もありますが、**もっと簡単で、大きな金額でも対応できるのは個人向け国債を持つこと**です。「ペイオフ・リスク」への対策として、是非覚えておいて下さい。

ところで、国債は日本国政府の借金です。巨額の財政赤字がしばしば話題に上る日本国政府の債務証書である国債は、果たして安全な投資対象なのでしょうか。

国あるいは政府といったものは、日本に限らず「絶対に」信用できると言えるほどのものではないでしょう。お金の世界での「信用」の程度は常に相対的なものです。

それでは、日本政府の借金が増えて、低金利での追加の借金が困難になった場合に何が起こるのでしょうか。将来の返済が危うくなると、人はより高い利回りを債券に要求するようになるので、長期国債の流通利回りが上昇するはずです。広く発行・流通している固定利付きの国債にとって、流通利回りの上昇とは価格の下落を意味します。

例えば現在利回りがほぼゼロの10年国債の利回りが2％に上昇したとすると、2割近い国債価格の下落が起こります。これが、いわゆる「国債暴落」の状況です。

こうした状況が起こると、既発の固定利付きの長期国債は価格が大きく下がりますが、変動金利型10年満期は、利息が上昇するだけで、元本割れしません。

一方、銀行は、自らが預金などで集めた資金を、長期国債を中心に債券で多額の運用を行っているので、国債をはじめとする債券価格の下落は、バランスシートを大きく毀損《きそん》しかねません。

つまり、通常の固定利付きの長期国債が暴落するような**「国債暴落」**が起こった場合、**個人向け国債変動金利型10年満期の投資家は、運用元本を確保しつつ、上昇した長期金利の66％の利息を貰《もら》える**状態になりますが、銀行は、資産運用をはじめとする財務状況によっては経営破綻してもおかしくありません。「個人向け国債変動金利型10年満期」（通称「個人向け国債・変動10」）は、銀行の預金よりも投資家にとって安全だと考えられます。

（1）信用リスク面で銀行預金よりも優位にあることと、（2）金利上昇（国債暴落）のリスクに対して強いことは、「個人向け国債変動金利型10年満期」の優れた特徴です。

加えて、「個人向け国債・変動10」は、利息が変動しますが、その最低利回りは0・05％と設定されています。この利率は、本書を執筆している2022年の初頭にあっては、メガバンクの定期預金金利（多くが0・02％）を僅かですが上回っています。

銀行の預金であっても、例えばネット専業銀行では、０・05％以上の利率（例えば普通預金で０・１％など）を提供する預金があるので、こうした預金を探して、「１人１行1000万円」の範囲で利用することは合理的です。

ただ、複数の銀行の預金金利を調べて比較したり、その評価によって資金を動かしたりするのは些か面倒です。現状では、金利差を実額で考えると、特に普通の個人にとっては、大きなものではない場合が多いでしょう。

「無リスク資産」は、「個人向け国債変動金利型10年満期」と「１人１行１０００万円以内の普通預金」と決めておくと、「厳密なベストではないかも知れないけれども、ベストに近くて極めて無難」な運用が可能です。

❹「リスク資産」は〝全額〟「全世界株式インデックス・ファンド」に

さて、**リスク資産の運用先は、全額、全世界の株式に広く投資するインデックス・ファンド**とします。この点が、今回の改訂の最大の変更点です。

インデックス・ファンドとはインデックス（株価指数）に連動するように運用する投資信託のことです。その中でもＭＳＣＩ ＡＣＷＩなど、全世界の上場株式を広く対象とする株価から計算されるインデックスに連動する投資信託に投資しましょう。商品の選択理由は、後に説明しますが、三菱ＵＦＪ国際投信の**「eMAXIS Slim全世界株式（オール・カントリー）」**が、今回著者達がベストだと考えるリスク資産の運用対象です。

投資家は、リスク資産の最適額をこのファンドに投資して、文字通り「ほったらかし」にしておくことで運用が完結します。後は、将来お金が必要になった時に、必要額を部分解約する時までそのまま持ち続けて下さい。

投資とは「買ったり・売ったり」することではなく、「持っていること」です。株価は日々変動しますし、投資信託の基準価額も変動しますが、「上げ相場にも下げ相場にも、全て付き合う」という方針の下に、ご自身にとって適切なリスク資産額を保有し続けて下さい。

株価が下がりそうな時には株式の投資額を減らし、株価が上がりそうな時には株式を買い増しするような「マーケット・タイミング」を利用して運用を行う人のことを、年金運用などのプロの世界では「マーケット・タイマー」と呼びますが、マーケット・タイマーは概ね上手く行かないということが運用業界の常識です。

「プロなら、上手くできる」というようなことはないので、安心して「ほったらかして！」下さい。

　努力しても改善できない問題には努力しない、鍛えても強くならないものはトレーニングしない、といった人生全般に通じる合理的方針が「ほったらかし投資術」の特徴です。

コラム

旧版のリスク資産運用との関係

本書の旧版『ほったらかし投資術』と『全面改訂 ほったらかし投資術』では、リスク資産の運用は、外国株式（先進国株式）に投資するインデックス・ファンドと国内株式（TOPIX）に投資するインデックス・ファンドに概ね50％ずつ投資する方法を提示していました。今回の「全世界株式インデックス・ファンド一本」との関係を整理しておきます。

率直に言って、運用自体としては「どちらがいいとも言えない」のが正直なところです。日本人の資金を運用する公的年金や企業年金などの機関投資家が使っているリスクとリターンの前提条件を考えると、外国株式と国内株式を「外国株50％と国内株50％」、「外国株60％と国内株40％」などに振り分ける運用がリスク資産運用部分として「概ね最適」だと思えます。

しかし、近年、内外の株式のリターンの連動性がどんどん高まっていて（本書執筆時点の内外の株式の過去5年のリターンの相関係数は0・8近くまで高まっています）、

「全世界株式一本」とどちらがいいのか差が判然としなくなっています（因みに本書の執筆時点で日本株が全世界株に占める割合は６％前後です）。

従って、旧版を参考にして、外国株式と国内株式のインデックス・ファンドをお持ちの読者は、そのまま持っていて構いません。わざわざ売却して、全世界株式のインデックス・ファンドに乗り換える必要はありません。愛着がある（？）ファンドをそのまま持ち続けて頂いて結構です。追加で投資する資金についてのみ、全世界株式のインデックス・ファンドにするのがシンプルでいいでしょう。

特に、ＮＩＳＡやつみたてＮＩＳＡ口座で運用している場合には、手持ちのファンドを売ると、その金額分を税制優遇された運用資金の枠内で買い直すことができないので、せっかく持っている税制優遇された運用資金枠を失うことになります。インデックス・ファンドの買い直しのメリットは、そのデメリットに見合いません。

尚、「外国株50％と国内株50％」の運用から、「全世界株１００％」の運用に切り替えることによって、内外の株価変動のズレによって生じるバランスを、追加の投資資金が生じた時などに修正する、いわゆる「リバランス」の必要性がなくなります。つまり、本書の旧版でお勧めしていたこれまでの方法は、リバランスを気にしなければならない点で、純粋には「ほったらかし投資」ではなかったのです。

著者達は、今回、この点をよりシンプルな方法で割り切って、「ほったらかし投資術」としての純度を高めることのメリットを取ることにしました。

❺ｉDeCo、各種NISAなどの「有利なお金の置き場所」の活用

さて、運用資産の中からリスク資産に投資する金額を決めて、これを全世界株式インデックス・ファンドに投資して、残りを個人向け国債変動金利型10年満期と銀行預金（1人1行1000万円以内）で持つ形を作ると、「ほったらかし投資術」の骨格は完成しますが、ここで是非追加的に考慮したい要素として、「お金の置き場所」があります。

日本には現在、ｉＤｅＣｏ、ＮＩＳＡ、つみたてＮＩＳＡなど、個人が利用できる税制上条件が有利な「お金の置き場所」（＝運用口座）があります。いずれも、近年拡充されたり、新設されたりした制度で、同じ運用をするならこうした制度のメリットを最大限に活用しないと「もったいない！」。

読者の勤務先によっては、企業型の確定拠出年金が用意されている場合があるでしょう。企業型確定拠出年金も、税制上有利なお金の置き場所です。

それぞれの制度の概要と使い方を、なるべくサラッと説明します。

確定拠出年金（企業型、個人型〈愛称「iDeCo」〉）

確定拠出年金は、2001年に導入された制度で、企業が制度を用意する企業型と、個人が自分で加入する個人型（現在の愛称は「iDeCo」）があります。**確定拠出年金では、毎月支払う掛け金が所得から控除される（つまり、掛け金額に関して所得税と住民税がかからない）という大きな税制上のメリットがあります。**

但し、年金として設計された制度なので、原則として60歳になるまで資金を引き出すことができません。また、確定拠出年金は個人単位で資産を運用する制度なので、転職等で本人の勤務先や働き方が変わった場合に、自分の資産を持ち運ぶことができる「ポータビリティ」と呼ばれる性質を備えています（「移管」の手続きはそれなりに面倒ですが、ともかく持ち運ぶことができます）。

確定拠出年金は、個人が属する年金の状況によって利用可能な金額の枠が異なります。企業型が利用できる方は各社の制度の規約によります。厚生年金のみに加入している会社員は、iDeCoを利用して月額2万3000円まで利用できます。国民年金のみに加入している自営業者やフリーランサーは月額6万8000円まで拠出可能です。

確定拠出年金は、前記の所得控除のメリットが大変大きいので、**課税される所得がある方**（**例えば会社員**）**は、NISAよりも優先的に、先ず確定拠出年金の利用を「なるべく大きく利用する」ことを考えるといい**でしょう。

また確定拠出年金には、運用期間中、運用益に対して課税されずに効率良く複利で運用することができるというメリットがあります。このメリットを考えると、確定拠出年金の運用対象は、自分が持っている資産の中で「期待するリターンの高い対象」を割り当てることが正解になります。

預金やバランス・ファンド（株式と債券を組み合わせた投資信託）は、正解に該当しません。「年金として」確定拠出年金の中だけで運用を考えるのではなく、自分の運用全体の中の一部として、どの運用部分を割り当てるかと考えると、運用商品選択の答えを出すことができます。

「ほったらかし投資術」を理解し実践する読者の場合、確定拠出年金での運用商品の選択肢は、**「全世界株**（**日本含む**）**」**、**「全世界株**（**日本除く**）**」**、**「先進国株**（**日本除く**）**」のいずれかに該当するインデックス・ファンドが、ほぼ唯一の正解**になります。

確定拠出年金を運用する各社（「運営管理機関」と呼ばれます）は、20本から30本くらいの運用商品の選択肢をラインナップしていますが、殆どの商品が、「預金や債券などが入っていて期待リターンが低い」か「手数料がインデックス・ファンドよりも高い」かの理由で、明らかに確定拠出年金に向いていません。

迷うことなく、全世界株式の（ないしは、これに近い外国株式の）インデックス・ファンドを選んで下さい。それだけです。

NISA、つみたてNISA、新NISA

「NISA」とは少額投資非課税制度の愛称です。NISA（「一般NISA」とも呼ばれます）は2014年に、つみたてNISAは2018年にスタートした制度です。

本書の執筆時点（2022年）では、NISAは「年間120万円までの投資の利益に関して5年間非課税とする制度」、つみたてNISAは「定期的な積立で行う年間40万円までの投資の利益を20年間非課税とする制度」です。年単位で、どちらか一方を選択することができます。

2022年、2023年については、まとまった運用資金がある方は先ず一般NISAの枠を使うのが効率的でしょう。2024年からは、「新NISA」と呼ばれる制度（後

図5　新NISAの仕組み

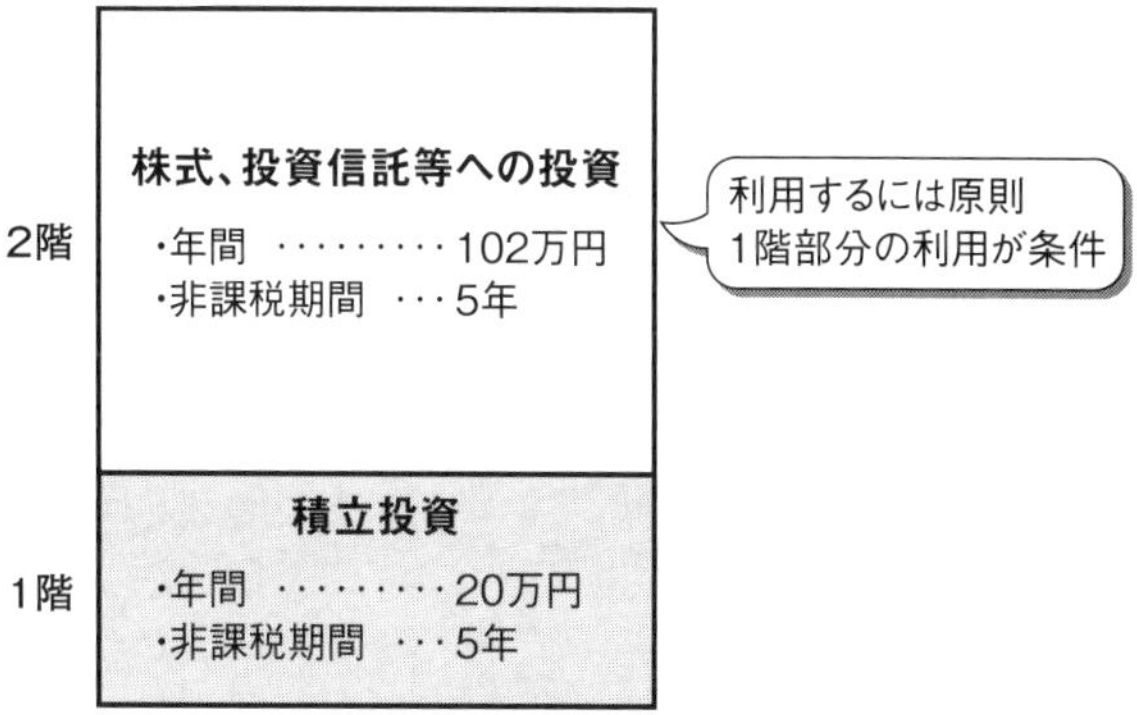

述）に移行するので、この制度の利用を検討して下さい。

つみたてＮＩＳＡは、「積立投資」、「年間40万円×20年の税制優遇」の他に、**「金融庁による適格商品の制限」があることが特徴**です。本章の冒頭でも述べたように、「お金を十分持ってから運用するのではなく、運用しながらお金を作る」趣旨の制度です。運用資金の少ない若いサラリーマンなどはつみたてＮＩＳＡの利用から運用を始めるといいでしょうし、課税所得がない専業主婦などが資産を形成するのにも向いた制度です。

新ＮＩＳＡは、いくらか複雑な構造を持つ制度です。年間の利用可能節税投資額１２２万円が、つみたてＮＩＳＡ的な積立投資を行う20万円の枠（通称「１階部分」）と、それ以外の投資を行う１

02万円の枠（通称「2階部分」）に分かれていて、2階部分で投資信託等（個別の上場株式以外の資産）に投資するためには、1階部分で年間20万円の積立投資を利用することが、原則として必要条件とされています。

著者達は、金融庁が、つみたてNISA的な運用を好ましいと考えていて、これを普及・奨励するために「1階部分」の利用を「2階部分」の利用の必要条件としたのだろうと推察しています。尚、個別株に投資する投資家の場合はこの制限がありません。これは過去の一般NISAで個別株に投資していた投資家への配慮でしょう。新NISAは、これら2つの「思想」を補助線として考えると、制度の趣旨が理解できます。

さて、ほったらかし投資術を実践する投資家は、NISA、つみたてNISA、そして新NISAでどのような投資を行うといいのでしょうか。

先ず、個々人の資金の事情に応じて利用する制度を選択しつつ、全世界株式のインデックス・ファンド（ないし、これに準ずるファンド）に投資するといいのです。迷う要素はありません。具体的には、次章で挙げる条件を満たす商品の多くが、つみたてNISAで投資可能な商品です。

金融庁は、つみたてNISAにおける運用対象商品の選定に当たって、十分な分散投資が行われていて、低コストで（購入手数料がゼロで、運用管理費用が安い）、長期投資に適する商品を選定する方針を持っています。この方針のおかげで、世に数多《あまた》ある不適切な投資信託が除外されたことで、**つみたてＮＩＳＡは「投資家が間違えにくい」制度**になったと言っていいでしょう。投資入門の際の教材にも適しています。

付け加えると、**長期投資に向かない運用商品は、短期投資にも向きません。**マーケット・タイマーが上手く行かないように、「いつの時期なら、この商品に投資したらいいか」という商品選択も、過去の比較はできますが、将来の予測についてはプロ（投信評価会社やお金のアドバイザー）も含めて上手くやることができません。

はっきり言ってしまうと、つみたてＮＩＳＡで適格とされていない商品は短期投資にも不適格なのです。もう一歩踏み込んで言うなら「ほったらかし投資」で選んでいない商品の多くが「長期でも短期でも、選ぶに値しない」ものなのだと考えて頂いて結構です。

尚、つみたてＮＩＳＡが２０１８年に導入されたことがきっかけで、我が国では、インデックス・ファンドの手数料引き下げ競争が起こり、ほったらかし投資術を実践する上での環境が改善しました。これは、ありがたい副次効果でした。

❻「積立投資」を適切に理解する

金融庁がつみたてＮＩＳＡを設立する際に強調した投資の三原則は「長期・積立・分散投資」でした。一方、一般的な投資の三原則としては**「長期・分散・低コスト」**がより適切でしょう。投資は必ずしも、積立で分割して行わなければならないものではありません。「積立」は投資で必要な一般原則には該当しません。

既に投資できるまとまったお金を持っている投資家は、「自分が保有するのに最適だと思うリスク資産額」を一度に投資することが合理的です。資金を分割して投資すると、十分な投資ができていない期間が生じて、意思決定の問題としては「機会損失」が発生します。

それでは、積立投資に対してはどのように考えたらいいのでしょうか。著者達の答えは次のようなものです。

定期的に行う積立投資に対しては、「『最適な投資額』が毎月変化しているのだ」と考えると、「その時々に最適なリスク額を持つのがいい」という一般原則と整合的に積立投資を理解することができます。

例えば、毎月3万円の積立投資をしていて、現在300万円のリスク資産を持っている会社員にとっては、来月の給料が振り込まれると、「最適なリスク資産額が303万円になる」と考えたらいいということです。現実にリスク資産に投資できる資金が増えており、おそらくリスク負担能力にも問題はないでしょう。

積立投資を説明する際に、多くの書籍やお金のアドバイザーが、「ドルコスト平均法」(定期定額投資)のメリットを説きますが、金融論的にはドルコスト平均法には「気休め」以上のメリットはありません。過去の買い方によって現在持っている資産のリスクが減る訳ではありませんし、株式のようなリスク資産の価格変動に、ドルコスト平均法が定期一定口数投資よりも有利になるような性質がある訳でもありません。この点を正確に理解していない書籍や著者が少なくないのは些か残念です。

毎月一定額の積立投資には、計画的に投資額を増加させやすく、将来に向けた貯蓄とリスク資産への投資を統合しやすい「実行上の長所」があり、メリットの説明としてはこれで十分です。

以前にある程度の金額を一括投資した投資家も、その後の収入の一部を追加的に資産形成に振り向けることが適切な場合が多々あるでしょう。こうした場合に、「お金が余ったら投資しよう」と思っていると、なかなか投資できるお金を作ることができない場合が多く、計画的な資産形成ができません。定期的に積立投資を行う仕組みを作って、投資額を拡大して、資産形成を膨らませて行くことをお勧めします。

著者の一人（水瀬）は積立投資を行って着々と資産形成を進めており、もう一人（山崎）は積立投資の習慣を形成しなかったために収入の割に資産形成ができていないことを、読者の参考のために付記しておきます。

第3章

実際に始めてみよう！

インデックス投資の投資銘柄のファイナルアンサーはこれ！

今までの『ほったらかし投資術』（2010年12月発刊）、『全面改訂 ほったらかし投資術』（2015年6月発刊）では、「商品ガイド編」という章があり、インデックス投資に利用できる商品をたくさん掲載しました。年月の経過とともに、既存商品の運用コストが変わったり、さらに良い商品が登場したりして、おすすめ商品の商品ガイドの内容も差し替えてきました。

しかし、本書では、おすすめ商品を分かりやすく一本化しようと考えました。いわば、**インデックス投資の投資銘柄の「ファイナルアンサー」**です。

このファイナルアンサーは、様々な観点から厳しい評価を行い、現在（執筆している2022年1月時点）のみならず、おそらく今後も一生付き合える商品ではないかと考えます。それは、このファンドです。

eMAXIS《イーマクシス》 Slim《スリム》 全世界株式（オール・カントリー）

運用会社：三菱UFJ国際投信
購入時手数料：なし
運用管理費用（信託報酬）：年率0・1144％
信託財産留保額：なし

「eMAXIS Slim 全世界株式（オール・カントリー）」は、MSCI オール・カントリー・ワールド・インデックス（配当込み、円換算ベース）に連動する投資成果を目指して運用されるインデックス・ファンドです。かんたんに言えば、**日本、先進国、新興国を含む全世界の株式市場にこれ一本で丸ごと投資できる商品**です。「夜空に広がる満天の星空をすべて買う」と例えた方がいらっしゃいますが、ロマンチックすぎるかどうかは別として、まさに言い得て妙。そのとおりの商品なのです。

全世界に投資といっても、米国のような大国もあれば、新興国の小さな国もあります。このファンドはどのような割合で投資することになるのでしょうか。それは世界の「時価総額加重平均」という割合で投資されます。

加重平均とは、平均値を算出する場合に、単純に平均せず、量の大小を反映する計算方法のことで、時価総額加重平均株価指数は、組入銘柄の時価総額合計を、基準となる一時点での時価総額合計と比較することで求められます。かんたんに言えば、**株式市場が大きな国の割合を大きく、株式市場が小さな国の割合を小さくするということ**です。

この割合は、運用会社の誰かが勝手に決めたものではありません。世界中の投資家が株式市場で売買することで値付けされた株価によって決まるものです。優良企業には高い株価が付けられる一方で、ダメ企業には低い株価が付けられたり上場廃止に追い込まれたりして決まるものです。いうなれば、世界中の投資家による評価の「総意」であるといっても過言ではないでしょう。

そんなスゴいものにたった一本のインデックス・ファンド（しかも超低コスト！）を買うだけで投資できるのだから、今の日本の個人投資家はとても恵まれた環境にあると言えます。

全世界株式型のインデックス・ファンドは他にも存在しますが、その中でも、なぜ「eMAXIS Slim 全世界株式（オール・カントリー）」がファイナルアンサーなのかを説明する必要があるでしょう。そのためには、インデックス・ファンドの選び方をお話しする必要があります。

これが分かっていれば、万が一、将来よさそうな新商品が出てきたときに、投資商品を変更する必要があるかどうか自分で評価できるようになります。

チェックポイント① コスト（手数料）

インデックス・ファンドを含む投資信託という投資商品全般にかかる主なコスト（手数料）には、「購入時手数料」「運用管理費用（信託報酬）」「信託財産留保額」があります。

購入時手数料は購入するときにかかるコストのことですが、インデックス・ファンドの場合、**販売手数料はなし（ノーロード）であることが今は常識**となっています。同じインデックス・ファンドでも、販売会社（銀行や証券会社）によって購入時手数料が違う場合がありますので、注意してください。

大手ネット証券であるSBI証券・楽天証券・マネックス証券では、主要なインデックス・ファンドはノーロードで販売されているので安心です。

運用管理費用（信託報酬）は、いちばん気をつけなくてはならない手数料です。投資信託の運用会社・販売会社・信託銀行の三者に、商品を保有している間はずっと払い続けなくてはならない手数料だからです。

投資信託の運用資産に対して、平均で年率1・323％（税込）がかかります（2020年12月末時点）。投資信託の運用資産の中から、自動的に毎日少しずつ差し引かれます。投資家が追加的に支払ったり、口座から引き落とされたりするわけではないので、一見あまり「取られた感」がないのですが、保有資産全体に対してかかるコストとして馬鹿にならない金額を抜かれています。年率1・323％であっても、例えば100万円を10年間運用すれば、その間に13万2300円も手数料として抜かれるという計算になります。

馬鹿にならないどころか、**毎年の運用成績を確実に押し下げる悪影響を及ぼすコストなので、徹底的にこだわって、できるだけ信託報酬が安い投資信託を選ぶべきです。**

幸いなことに、投資信託の中でもインデックス・ファンドはこの運用管理費用（信託報

図6　コスト別インデックスファンドの積立投資の評価額推移
（2008年6月から159カ月間）

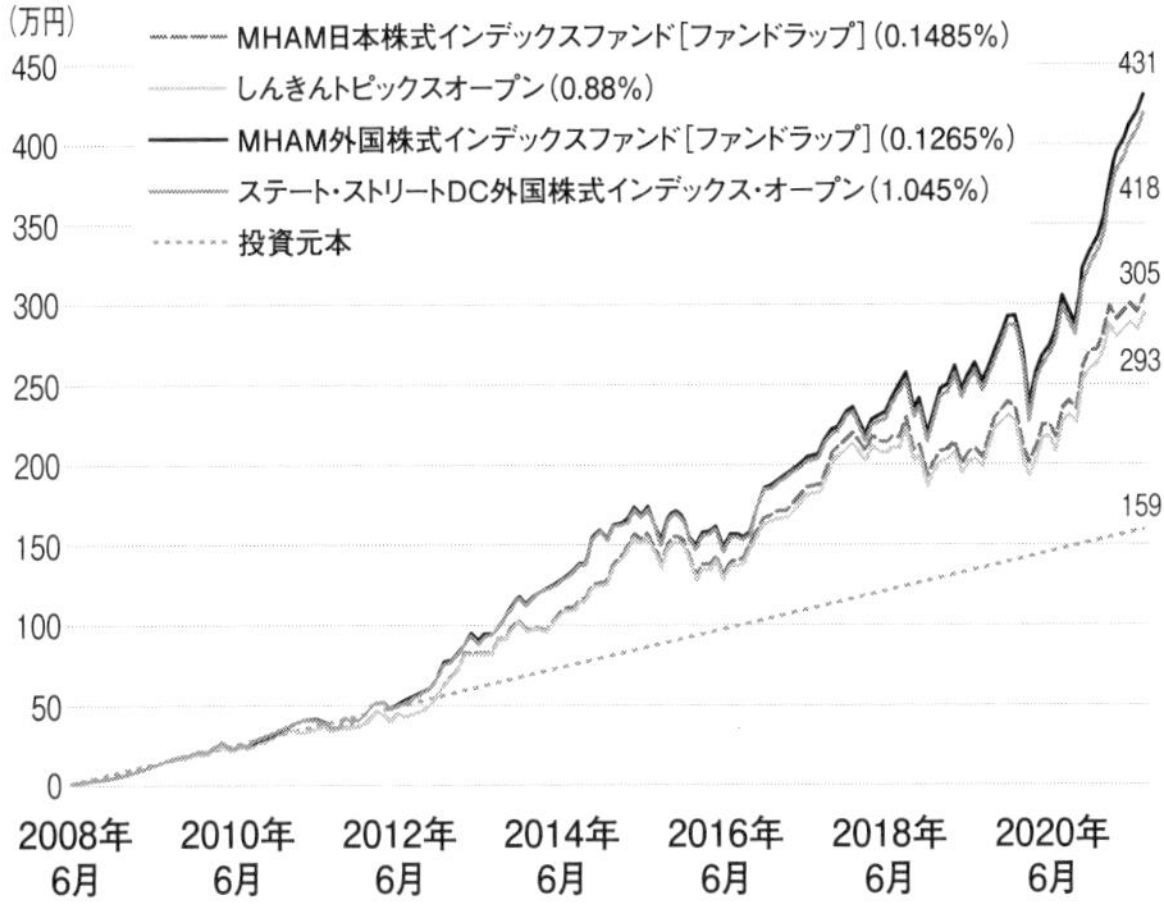

モーニングスター「株価上昇で株式インデックスファンド積立投資が大成功、運用コスト低減効果にも注目を」より引用）

酬）が安く抑えられている商品が多くなっています。特に、金融庁の肝いりで作られた「つみたてＮＩＳＡ」が開始した２０１８年の前後で、運用会社の間でインデックス・ファンドの運用管理費用（信託報酬）の引き下げ競争が起こりました。

　あるインデックス・ファンドがコストを引き下げると、別のインデックス・ファンドが追随、追い越してさらにコストを引き下げて、それに別のインデックス・ファンドがさらにコストを引き下げて……と言った具合に競争が激化したのです。

インデックス・ファンドのような低コストの金融商品は、米国の先行事例を見ると「規模の経済」が働くビジネスであり、バンガード社やブラックロック社など2、3社の圧倒的な勝者が運用資産額シェアの大半を寡占《かせん》しています。運用資産が大きいことで、ファンドの運用にかかる各種手数料のディスカウントなどが効き、より効率的な運用が可能となります。

それ以外の運用会社は効率的な運用ができず、無数の敗者となってしまい、二度と這《は》い上がれない形に落ち着いています。日本の運用会社も早晩そうなると踏んだのかもしれません。とにかく、インデックス・ファンドの運用管理費用（信託報酬）の水準が一気に引き下げられたのです。

その結果、インデックス・ファンドの運用管理費用（信託報酬）はクラス最安水準で年率0・1％台まで下がりました。引き下げられたコストの分は、投資家に還元されるわけですから、投資家としては本当にありがたい限りです。


信託財産留保額は、ファンドを解約するときにかかるコストです。

保有資産に対して、0・1〜0・3％程度のものが多い傾向にあります。なかには「なし」というファンドもあります。〝解約ペナルティー〟という意味合いが強い、ちょっと特殊なコストです。

投資信託の解約があると、ファンド・マネジャーは現金を確保するために、保有資産を売却しなければなりません。その際にかかる様々なコストを残された投資家が負担するのは不公平になるということで、解約者からペナルティーとして徴収されます。しかし、**インデックス・ファンドにおいては、信託財産留保額がないファンドが主流**となっています。

投資信託にかかるコストである「購入時手数料」「運用管理費用（信託報酬）」「信託財産留保額」のうち、インデックス・ファンドでは「購入時手数料」「信託財産留保額」はなしが常識なので、**チェックすべきなのは「運用管理費用（信託報酬）」だけ**ということになります。厳しめに見て、年率0・25％未満の低コストなインデックス・ファンドが良いでしょう。

なお、おすすめした「eMAXIS Slim 全世界株式（オール・カントリー）」の購入時手数料はなし、運用管理費用（信託報酬）は年率0・1144％、信託財産留保額はなしです。条件は十分に満たしていますね。

チェックポイント② 純資産総額

純資産総額とは、ファンドがどのくらいの規模かを示す数値です。**純資産が少ないと、ファンドの運用が困難になり、繰上償還してしまう可能性があります。**

「りそな・TOPIXオープン」「BGI外国株式インデックス」など、もはや知る人は少ないかもしれませんが、かつて低コストで注目されつつも、繰上償還されてしまったインデックス・ファンドたちがありました。

繰上償還されてしまうと、保有資産が毀損《きそん》するというわけではありませんが、その時点で投資家の損益が確定してしまうので不本意な結果になるかもしれませんし、他のファンドへ乗り換える手間と時間がかかり、ろくなことはありません。できるだけ繰上償還の可能性が低いインデックス・ファンドを選びたいものです。

一般的に、投資信託は100億円の純資産があれば運用の継続性は安心といわれています。『ほったらかし投資術』（2010年12月発刊）、『全面改訂 ほったらかし投資術』（2015年6月発刊）の頃は、日本におけるインデックス投資環境が発展途上であり、多くのインデックス・ファンドは純資産をまだ積み上げ中（純資産が数億〜数十億円）のものが多かったのです。しかし現在は、主要なインデックス・ファンドは軒並み100億円などゆうに突破しており、十分な規模に育っていると言えます。

なお、おすすめした「eMAXIS Slim 全世界株式（オール・カントリー）」の純資産総額は3993億円です（原稿執筆時の2022年1月時点）。条件は十分に満たしていますね。

チェックポイント③　インデックスとの乖離

インデックス・ファンドは、投資成果が特定の市場平均指数（インデックス）に連動するように運用されているファンドです。

インデックスは、例えば国内では日経平均株価、TOPIX（東証株価指数）、海外では米国のダウ平均指数やS&P500指数などの株価指数が有名です。

株式市場指数だけでなく、債券市場指数、不動産投信指数、コモディティ指数など様々なものがあります。

本書では日本、先進国、新興国を含む全世界の株式市場に一本で投資できるインデックスに連動するインデックス・ファンドをおすすめしています。おすすめした「eMAXIS Slim 全世界株式（オール・カントリー）」は、「MSCI オール・カントリー・ワールド・インデックス（配当込み、円換算ベース）」という株価指数がインデックスとなっています。

インデックス・ファンドはこのインデックスと同じ動きをするように運用会社のファンド・マネジャーが運用するわけですが、ファンドには前述の運用管理費用（信託報酬）などの**運用コストがかかりますので、その分、インデックス・ファンドの値動きはインデックスから相応に下方向に乖離《かいり》するのが普通**です。これを「インデックスとの乖離」といいます。

私たち投資家としては、**インデックスとの乖離ができるだけ小さなインデックス・ファンドを選ぶと良いでしょう。**低コストなファンドを選ぶということは、インデックスとの乖離ができるだけ小さく収まるファンドを選ぶということにもつながっています。

しかし、ごくまれに、運用のミスでインデックス・ファンドの動きとインデックスの動きが大きくズレてしまうことがあります。例えば、大口の投資家からまとまった金額の入金・解約があったり、為替が大きく動いたりすると、運用会社がうまく運用しないと乖離が大きく出てしまう場合があるのです。インデックスとの乖離があると、私たち投資家が思ったようなリターンが得られないことになります。特に、インデックスよりも下方向に大きく乖離されてしまうと、投資家が取ったリスクに見合ったリターンが得られなくなってしまいます。

なお、おすすめした「eMAXIS Slim 全世界株式（オール・カントリー）」の直近（2020年4月28日～21年4月26日）の騰落率はインデックスの騰落率（+51・7%）を0・1%下回る程度となっており、乖離はとても小さい水準にあります（第3期末〈2021年4月26日決算〉の運用報告書より）。

手数料の微差と大差を見極める

また、さらに選択肢を広げたいという読者のために、事情によっては、こちらを選んでも構わないと著者達が思うインデックス・ファンドが相当数あります。

そうした「投資してもいいファンド」の条件を挙げると、

(1) ターゲットとする株価指数（インデックス）は「全世界株式（日本含む）」、「全世界

株式（日本除く）」、「先進国株式」のいずれか
（2）運用管理費用（信託報酬）が年率0・25％程度まで
（3）ETF（上場投資信託）を除いて販売（ないしは売買）手数料はゼロ

の3条件を満たす公募の投資信託ないしETFのインデックス・ファンドです。

三菱UFJ国際投信以外にも、野村アセットマネジメント、大和アセットマネジメント、日興アセットマネジメント、アセットマネジメントOne、楽天投信、ブラックロックなど多数の運用会社が上記の条件を満たすインデックス・ファンドを商品化しています。

また、大きな資金を持っていて、外国為替の手数料を低下させて、さらに配当金に関わる税金の処理などができる投資家は、米国で上場されているバンガード社のETFで、新興国の株式や小型株も含めた全世界の株式に投資する「バンガード・トータル・ワールド・ストックETF」（ティッカーコードは「VT」）に投資する選択肢もあります。投資範囲が広く、ファンドの規模が大きく、運用が安定していて、手数料（経費率）が低く、魅力的な選択肢の一つです。

尚、このETFを投資対象としたファンドが楽天投信で、「楽天・全世界株式インデッ

クス・ファンド」として商品化されています。本家の「ＶＴ」よりも運用管理費用が少々高くなりますが、日本の投資家には手軽に投資しやすい選択肢の一つです。

ちなみにＥＴＦとは、東京証券取引所などの金融商品取引所に上場している投資信託です。インデックス・ファンドと同様に低コストで運用されていて、企業の株式と同じように市場が開いている間に価格が刻々と変わり、リアルタイムに売買することができるのが特徴です。

運用業界もインデックス・ファンドも大好きな著者達としては、候補となる商品名を挙げて、「品定め」を披露したい気持ちが大いにあるのですが、読者の混乱を招くと考えて控えることにします。具体的には、金融庁のつみたてＮＩＳＡの適格商品のリストなどを参考に、運用会社各社のホームページで調べてみて下さい。

「運用管理費用が０・25％程度まで」とは、些か甘いなあという印象を持たれる読者がいらっしゃるかも知れませんが（特にマニアックなインデックス投資家には）、仮に**運用管理費用に年率０・１％の差があったとしても、１０００万円の投資額に対して年間の差は１万円**です。

「どうせ選ぶなら手数料等のコストは小さい方がいい」と思って運用会社による手数料引

き下げを大いに評価する一方で、この程度の差を「微差」と呼んで容認する程度に著者達は大らかです。大差のないものに対して強くこだわるのは、投資以外にあっても無意味でしょう。

もっとも、**「微差」と「大差」を適切に判断することは重要**です。加減は大切なのです。特にお金の問題では、他人の勧めを「悪くても微差だろうから、大丈夫だろう」と思ってタカを括《くく》っていると、ずるずると大きな損を重ねることになりかねません。

さて、企業型の確定拠出年金やiDeCoの中に運用資産がある投資家の場合、運用対象として選択できる商品の中に「eMAXIS Slim 全世界株式（オール・カントリー）」がないケースの方が多いでしょう。こうした場合には、前記の条件に当てはまる、外国株式を投資対象とするインデックス・ファンドを選択して下さい。この場合は、「微差なのだから、これで構わない」と思って下さって結構です。確定拠出年金の大きなメリットを得ながら、ベストなケースと微差な対象に投資できるのですから、喜ばしいことです。iDeCoの商品については、また後に詳しく解説します。

以上がインデックス・ファンドの一般的なチェックポイントです。チェックポイントの条件をクリアした同種のインデックス・ファンドを比較して、最も良いインデックス・ファンドを選ぶことができるでしょう。特に、2018年前後、インデックス・ファンドの運用管理費用（信託報酬）の引き下げ競争後は、超・低コストで高品質なインデックス・ファンドが複数存在する「頂上決戦」の様相を呈していて、低コストなものを選べば、どれを選んでもそれほど差がないという恵まれた状況になっています。

金融当局、運用会社、古参の個人投資家の三者が日本のインデックス投資環境を少しずつ改善してきた結果です。これからインデックス投資を始める方々は、その恩恵をフルに享受していきましょう！

低コストのインデックス・ファンドが普及した理由

インデックス投資の世界で最先端を走っているのが米国です。インデックス・ファンドという金融商品自体、米国で誕生したものなのです。

世界で初めて個人投資家向けのインデックス・ファンドを発売したのが、米国バンガード・グループです。その創業者ジョン・C・ボーグル氏は「インデックス・ファンドの父」と呼ばれ尊敬されています。1976年に初の個人投資家向けインデックス・ファンドを売り出し、当時は「平均的な成績しかとれない投信など売れない」と言われ「ボーグルの愚行」と揶揄《やゆ》されながらも、インデックス・ファンドをビジネスベースで創り出しました。

バンガードは、インデックス・ファンドの運用によって投資家から得た会社の利益を、インデックス・ファンドの運用コストの引き下げという形で還元させ続けてきました。バンガードのインデックス・ファンドは、運用コストを下げる→投資家が増える→会社の利益が上がる→運用コストを下げる→ますます投資家が増える→ますます会社の利益が上がる→ますます運用コストを下げる……という好循環を生み出しました（バンガードではこれを「フライホイール」と呼んでいました）。

なぜ、そんなことができたのでしょうか？

バンガード自らが運用するファンドによって、自社の株式が所有されるというユニークな所有構造が理由の一つです。かんたんに言えば、投資家がバンガードの株式を所有しているのです。したがって、バンガードの利益を投資家のため（運用するインデックス・ファンドのコストの引き下げ）に使うという判断がスムーズに決まるわけです。

革新的な所有構造を採り入れながらも、SEC（米国証券取引委員会）との折衝、ライバル会社との競争など様々な困難がありました。それを乗り越え、会社と預かり資産を大きくしながら**運用コストを何十回も引き下げ投資家に還元し、現在の超・低コストなインデックス・ファンドができあがっていった**のです。現在、バンガードはインデックス運用の世界をリードする第一人者となっています。

ユニークな所有構造がバンガードのいちばんの成功要因だといわれますが、筆者（水瀬）はそれだけではないと考えています。2016年にバンガードを訪問し、現地のマネジャーや社員たち（バンガードでは社員のことをクルー〈乗組員〉と呼んでいました）に話を聞かせてもらったことがあります。

そこには、従業員にまでくまなく浸透している**「資産運用会社は、ファンドの投資家の利益のためだけに運営されるべきである」**という投資哲学がありました。日本でも生命保険会社などが似たような構造を持ちますが、バンガードのように低コスト商品ばかりではありません。会社の所有構造に、ボーグル氏とクルーたちの「善意」と「熱意」が加わってこそのバンガードの低コストなのだと私は理解しています。

バンガードが進出した国や地域では、現地で運用されている他社の投資信託やインデックス・ファンドの運用コストが、バンガードとの競争対抗上、どんどん引き下げられる傾向があり、これが「**バンガード・エフェクト（バンガード効果）**」と呼ばれるようにまでなっています。

もちろん、日本も例にもれずバンガード・エフェクトの影響を受けています。バンガードとの提携により、「バンガード」の名前を冠する低コストなインデックス・ファンド等が続々登場してきました。

頂上決戦を超えて

残念なことに、2019年にボーグル氏は亡くなりました。さらに残念なことに、バンガードの日本法人だったバンガード・インベストメンツ・ジャパンが2021年に廃業となり、バンガードは日本から撤退してしまいました。ただ、日本で販売されているバンガードのインデックス・ファンド等の金融商品の取り扱いは、日本の金融機関を通じて変わりなく継続されています。

しかし、今後はバンガードとの提携商品の新登場は見込みにくいでしょう。また、一部のファンドの商品名から「バンガード」の名前を外し、単なる「V」というアルファベットに置き換える動きも出てきました。何より、私たち個人投資家に向けて、バンガードの

図7　家計の金融資産構成

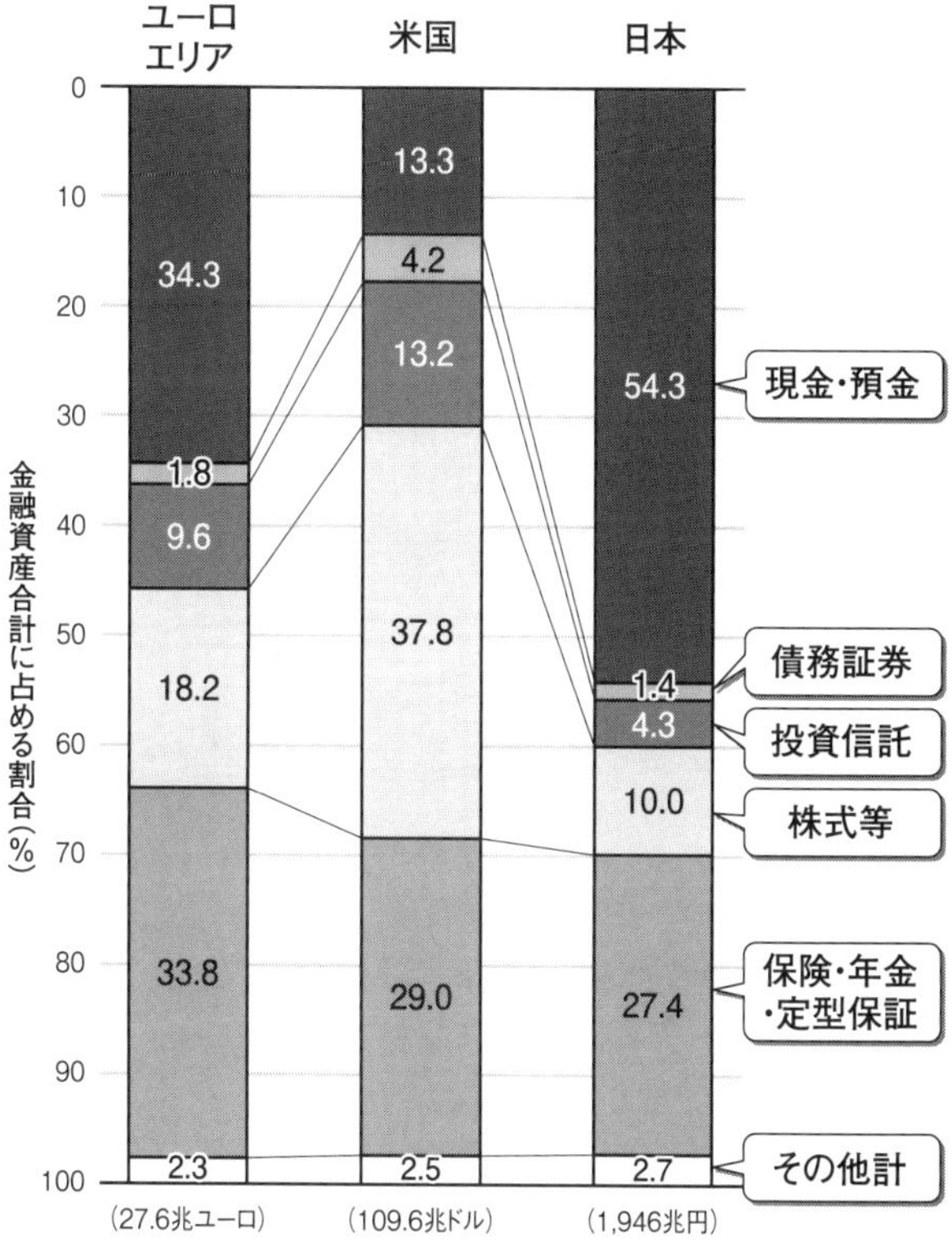

日本銀行調査統計局「資金循環の日米欧比較」（2021年８月20日）より引用

ことやインデックス・ファンドのこと、長期投資のことについて、積極的に情報発信してきたバンガード・インベストメンツ・ジャパンはもう存在しないのです。

中国、香港などのバンガードの拠点が残る中、ある意味、日本は事業展開する市場として、バンガード（≒米国のファンド所有者）から、見限られてしまったとも言えます。

日本はこれだけインデックス投資環境が改善してきたと言っても、全体として見ると、日本人の個人資産は米国と比べて著しく現・預金に偏っており、株式や投資信託の割合は著しく低いのが現実です（図7）。

さて、悲しんでばかりいても仕方ありません。**日本の投資信託の市場規模の小ささは、裏を返せば、「伸びしろ」がたくさんある**ということでもあります。私たち日本人は、インデックス・ファンドなどの投資信託を自分の人生に活用するという選択肢をまだまだ知らないのです。

日本では超低金利どころかほぼゼロ金利時代が長らく続いています。現・預金だけを抱え込んでいる状態は豊かに暮らすために有利だとは言いにくい。著者達は読者にある程度のリスクを取った運用をおすすめしたいと思っています。米国や欧州と同じ水準程度には日本人も株式・投資信託を活用していってもいいのではないでしょうか。

おすすめ金融機関（楽天、SBI、マネックス）それぞれの特徴

さて、投資商品が決まれば、次にそれが販売されている金融機関の口座開設です。ここでも結論から申し上げましょう。

楽天証券、SBI証券、マネックス証券のいずれかのネット証券が良いと考えます。

十数年前まで、個人のインデックス投資の環境はあまり整備されておらず、ほしいインデックス・ファンドをそろえるのに、この商品を買うにはA証券会社、この商品を買うにはB証券会社、この商品を買うにはCネット銀行……といった具合に、複数の金融機関に口座を開く必要がありました。

せっかく口座を開いても、運用会社がファンドを繰上償還してしまったり、販売会社が目当てのインデックス運用商品の取り扱いをやめてしまったり、事業自体をたたんでしまったりということもしばしばでした。私も気がつけば数多くの金融機関に口座を開いてしまい、一時は管理するのが大変になってしまいました（今はだいぶ整理しましたが）。

今は、主要なインデックス・ファンドは複数の金融機関で取り扱われ、新しいインデックス・ファンドが出ると、ほぼ同じようなタイミングで複数の金融機関で取り扱いを開始

しています。選択の幅は広がっていますが、できるだけ主要なインデックス・ファンドを取りそろえ、新商品も遅滞なく導入する傾向がある金融機関を選ぶといいでしょう。

各金融機関のインデックス投資関連商品・サービスの動きを20年近くつぶさに見てきた経験からおすすめできるのは、SBI証券、楽天証券、マネックス証券の3社です。前述の「eMAXIS Slim 全世界株式（オール・カントリー）」を取り扱っていることはもちろん、過去から現在まで、新商品を遅滞なく導入してきた実績があり、今後の対応にも信頼がおけると考えます。

いずれもネット証券で、主要なインデックス・ファンド、国内ETF、海外ETFという3種類のインデックス運用商品を取りそろえています。

ETFは、先述のようにリアルタイムで価格が変わり売買できるという性質から、個別企業の株式投資をやっている方や、タイミングを見計らって投資する方に向いているとは思います。しかし、これから投資を始めようという方にとっては、「つみたてNISA」に対応していないことが多い、自動積立サービスがないことが多い、分配金が出てしまい、そのたびに課税されてしまう上に、再投資を手動でやる必要があるなど、少々使い勝手が

図8　おすすめ証券会社の比較

		SBI証券	楽天証券	マネックス証券
口座数		681万	508万	194万
投資信託取扱銘柄数		2651本	2677本	1216本
投資信託の積立	最低積立額	100円〜	100円〜	100円〜
	積立頻度設定	毎日、毎週、毎月、複数日、隔月	毎月	毎日、毎月
特徴的なサービス		・投信買付時手数料原則0円 ・投信定期売却サービス（定額） ・口座開設サポートデスクが土日も営業	・投信買付時手数料0円 ・投信定期売却サービス（定額・定率・期間指定） ・「日経テレコン21」で日経新聞の記事も無料で読める	・投信買付時手数料0円 ・資産管理ツールが充実（MONEX VIEWなど）
投資信託以外のインデックス投資関連商品		・国内ETF（一部銘柄は売買手数料無料） ・海外ETF（一部銘柄は買付手数料無料）	・国内ETF（一部銘柄は売買手数料無料） ・海外ETF（一部銘柄は買付手数料無料）	・国内ETF（一部銘柄は売買手数料無料） ・海外ETF（一部銘柄は買付手数料キャッシュバック）

各社WEBサイトをもとに水瀬作成。口座数、投資信託取扱銘柄数は2021年３月時点。その他は記事執筆の2021年９月時点

悪い部分もあります。

ただ、**将来、まとまった金額を運用することになる場合など、ETFに投資してみたくなる可能性もあるため、証券会社の取り扱いサービスとして用意されているに越したことはない**でしょう。

参考までに、3社とも口座を開いている私（水瀬）のインデックス投資用証券口座としての印象を申し上げます。

SBI証券は、**ネット証券最大の規模で安心感**があり、総合的によくまとまっています。各種手数料の値下げにも積極的で業界をリードしています。インデックス投資において「必要なベストファンドを買えない」ということは、将来にわたりほぼないでしょう。

楽天証券は、新商品・サービスの導入に意欲的なパイオニアです。また、いわゆる「楽天経済圏」（楽天市場など楽天グループの様々なサービス）の中にあるため、**楽天カードや楽天銀行との連携やポイントサービスの相互利用など利便性が高い**です。こちらも、インデックス投資において「必要なベストファンドを買えない」ということは、将来にわたりほぼないでしょう。

マネックス証券は、主要インデックス・ファンドの一部を取り扱っておらず、新商品・新サービスの導入スピードもやや遅い点はありますが、一方で、**資産管理ツールには定評があります。**

もちろん、対面型の大手証券やネット銀行、一部のメガバンクなど他の金融機関でもインデックス商品を買うことはできますが、コスト、品ぞろえ、新商品・新サービスへの対応スピードなど、インデックス投資に必要なサービスレベルのバランスが取れているのが、先のネット証券3社だと言えます。

ポイントサービスは重視すべき?

なお、ネット証券においては、投資信託の購入や保有残高に応じてポイントがもらえる投信ポイントサービスを提供しており、個人投資家から人気を博していますが、**このポイントの多寡《たか》「だけ」で証券会社を選ぶことはあまりおすすめしません。**

なぜなら、投信ポイントサービスは、投資信託のように設定にも償還にも金融庁への届け出が必要な金融商品ではなく、証券会社の経営状況によって、彼らの胸三寸でいつ改悪されたり廃止されたりしてもおかしくないものだからです。

ポイントサービスは、必要なものを買ったら付いてくる「おまけ」というスタンスで付き合うのがいいでしょう。

証券会社はあくまでも金融商品のブローカーであり、取扱金融商品とその使い勝手で選ぶべきです。インデックス投資の場合、10年単位で数十年という長いお付き合いになるのです。ポイントの改悪でコロコロ証券口座を変えていたら、落ち着いて長期投資などできません。現段階での一つの検討材料として参考にする程度が良いと思います。

口座開設の方法と手順

一般的なネット証券の口座開設の方法と手順について説明します（以下は楽天証券を例にとって説明します）。

(1) 口座開設の申込

証券会社のＷＥＢサイト内の「口座開設」ボタンを押す。メールアドレスを登録すると、確認のメールが証券会社から来るので、そこに記載されたＵＲＬから申し込みを続けます。

(2) 本人確認書類の提出

本人確認書類（運転免許証、マイナンバーカードなど）を選択し、アップロードを行います。

ここで、スマートフォンがあると、本人確認書類の写真撮影からアップロードまでの流れがスムーズで、その後の処理がメールで行われスピーディーなのでおすすめです。

もちろん、スマートフォンがなくても、ＰＣから書類をアップロードして本人確認を行うことができますが、ログインＩＤとパスワードは郵送されてくるため5営業日ほどかかります。

(3) 本人情報の入力

名前・住所・電話番号などの本人情報を入力します。その中に、納税方法の選択があります。これは、何か特別な事情がない限り「**特定口座を開設（源泉徴収あり）**」を選択しておくことをおすすめします。

こうしておくと、後に投資することになる投資信託やＥＴＦなどについて、税金の納付や損益通算など、面倒な税務処理を証券会社側で自動的にやってくれるのでとても便利です。

また、少額投資非課税制度の「ＮＩＳＡ口座」の選択があります。これは、何か特別な事情がない限り**「つみたてＮＩＳＡ」**を選択しておくことをおすすめします。

本書ですすめる「ほったらかし投資」に活用するのであれば、「つみたてＮＩＳＡ」が向いていると思います。これは後から登録することもできますし、登録したあとも毎年変更することもできます。

他にも、「信用取引」「外国証券取引」「先物・オプション取引」「ＦＸ」「ＣＦＤ」などいろいろ選択を求められるものがあり、ついすべてを調べたくなってしまいますが、これらは「ほったらかし投資」をする際には使わないものがほとんどですので、スルーしていただいて構いません。将来、「ほったらかし投資」に加えてそういうものを使いたくなるときがきたら、そのときに申し込めば良いという程度のものです。

(4) ログインIDの受け取り

証券会社側で1〜3日程度の審査があり、それが完了するとログインＩＤが送られてきます。スマートフォンで本人確認した場合はメールで、ＰＣで本人確認した場合は郵送で送られてきます。

(5) 初期設定（マイナンバーの提出）

いよいよ、証券会社のWEBサイトの「ログイン」ボタンにより、IDとパスワードを入力してログインします。ログイン初回だけ、取引をはじめる際に必要な暗証番号、勤務先情報などの初期設定が必要です。

最後に、マイナンバー登録画面に移ります。画面に従いマイナンバーを登録します。もし、(2)の「本人確認書類の提出」のときに、「マイナンバーカード」をスマートフォンで提出しているとこの提出作業はありません。その意味でも、本人確認はスマートフォン＋マイナンバーカードがおすすめです。

マイナンバーの登録が完了すると、取引が可能になります。ついに投資家デビューです。おめでとうございます！

他にも、証券会社独自のサービスなどの申し込み確認が必要になる場合がありますので、不明な点があれば、証券会社に確認してください。

ネット証券へ手数料無料で即時入金してみる

ネット証券で金融商品を売買するために、銀行口座から証券会社に入金しましょう。入金には「即時入金（リアルタイム入金）」と「銀行振込」の二つの方法があり、ここでは**「即時入金（リアルタイム入金）」の利用をおすすめします。**

即時入金（リアルタイム入金）サービスとは、ネット証券提携金融機関でインターネットバンキングの契約をしている人が利用できるオンライン入金方法で、指示した金額が数秒で反映され、かつ入金手数料は無料です。

入金が完了すると、ネット証券の「口座管理」「ポートフォリオ」画面などで、「預かり金」「現金残高」などの項目に金額が入ってきます。

これで「ほったらかし投資」の準備は完了です。

なお、銀行についても、ネット証券と同じグループのネット銀行だとお得な特典がある場合があります。例えば、楽天証券の場合、同じグループの楽天銀行と「マネーブリッジ」というサービスで連携させると、楽天銀行の普通預金の金利が上乗せされ、かつ、自動入出金（スイープ）機能により、証券口座にある待機資金（預り金＝金利なし）が自動的に楽天銀行の普通預金になり、先ほどの上乗せされた有利な金利が付くようになります。

ＳＢＩ証券の場合も、同じグループの住信ＳＢＩネット銀行と「住信ＳＢＩネット銀行連携サービス」で連携させると、普通預金の金利が上乗せされます。

即時入金の使い勝手も向上しますので、ネット証券口座と一緒に同じグループのネット銀行の口座を開設することも、検討に値します（２０２２年1月時点）。

iDeCoで「ほったらかし投資」の場合、気をつけてほしいこと

ここまで、おすすめ商品「ｅＭＡＸＩＳ Ｓｌｉｍ 全世界株式（オール・カントリー）」と、おすすめ証券会社について説明してきました。口座開設の手順の中で、少額投資非課税制度では「つみたてＮＩＳＡ」を選ぶことをおすすめした一方で、同じような非課税制度での運用に「ｉＤｅＣｏ」があります。

ｉＤｅＣｏは正式名称が「個人型確定拠出年金」とあるように年金制度です。年金なので60歳までは引き出せないなどの制約があるのですが、実は口座も、証券口座とはまったくの別物なのです。たとえ**同じ証券会社であっても、証券口座のWEBサイトとiDeCoロ座のWEBサイトは画面の作りやメニューもまったく別物**です。

ｉＤｅＣｏ口座の申込方法は、上記の証券会社の申込方法とは別物となり、必要書類が多く、口座開設までに1～2カ月程度かかります。ｉＤｅＣｏにはｉＤｅＣｏの口座開設が必要になるのです。

ｉＤｅＣｏ口座であっても、おすすめの証券会社（ｉＤｅＣｏでは運営管理機関と呼ばれます）は、ＳＢＩ証券、楽天証券、マネックス証券の3社が、ｉＤｅＣｏにかかる各種手数料が安くおすすめです。

ただし、ｉＤｅＣｏで「ほったらかし投資」を行う場合、気をつけてほしいことがあります。それは、**証券会社（運営管理機関）ごとに、対象商品ラインナップがまったく異なり、実質的なベストファンドも異なっている**ということです。

年金運用の商品として、元本確保型の商品を必ず含めなければならないという制約があるほか、２０１８年5月1日の「確定拠出年金制度等の一部を改正する法律」の施行により、確定拠出年金の運営管理機関が選定・提示する運用商品の上限数が35本以下と規定されたことで、より低コストでより良いインデックス・ファンドが新たに登場したとしても、すぐに商品ラインナップに組み入れることが難しいという事情があります。

通常の証券口座では「ｅＭＡＸＩＳ Ｓｌｉｍ 全世界株式（オール・カントリー）」がフ

ァイナルアンサーでしたが、iDeCoでは必ずしもこれに投資できない場合があり、次善の商品を選ぶ必要があります。

そこで、現状での、SBI証券、楽天証券、マネックス証券のiDeCoのおすすめファンドを紹介します（2022年1月時点）。

SBI証券、楽天証券、マネックス証券のiDeCoのおすすめファンド

SBI証券のiDeCo口座のおすすめ商品

SBI・全世界株式インデックス・ファンド［愛称：雪だるま（全世界株式）］

運用会社：**SBIアセットマネジメント**

購入時手数料：**なし**

運用管理費用（信託報酬）：**年率0・1102％**

信託財産留保額：**なし**

「FTSEグローバル・オールキャップ・インデックス」に連動するインデックス・ファンドで、日本、先進国、新興国を含む全世界の大型、中型、小型株の株式にこれ一本で丸ごと投資できる商品です。十分に低コストな全世界株式インデックス・ファンドです。

楽天証券のiDeCo口座のおすすめ商品

楽天・全世界株式インデックス・ファンド
〔愛称：**楽天・バンガード・ファンド**（全世界株式）〕

運用会社：**楽天投信投資顧問**
購入時手数料：**なし**
運用管理費用（信託報酬）：**年率0.212%**
信託財産留保額：**なし**

「FTSEグローバル・オールキャップ・インデックス」に連動するインデックス・ファンドで、日本、先進国、新興国を含む全世界の大型、中型、小型株の株式にこれ一本で丸ごと投資できる商品です。まあまあ低コストな全世界株式インデックス・ファンドです。

マネックス証券のiDeCo口座のおすすめ商品

eMAXIS Slim 全世界株式（オール・カントリー）

運用会社：**三菱UFJ国際投信**
購入時手数料：**なし**
運用管理費用（信託報酬）：**年率0・1144%**
信託財産留保額：**なし**

これは本書で何度も登場しているベストファンドの「eMAXIS Slim 全世界株式（オール・カントリー）」ですね。マネックス証券では、普通の課税口座でも、つみたてNISA口座でもiDeCo口座でも、全て同じベストファンドに投資することができてシンプルです。

低コストで高品質な全世界株式インデックス・ファンドや、「つみたてＮＩＳＡ」「ｉＤｅＣｏ」などの非課税制度、将来に備えた「投信自動解約サービス」、スマートフォンでの簡単でスピーディーな口座開設など、日本のインデックス投資環境は、旧版の『ほったらかし投資術』を書いた約10年前よりも、確実に進歩してきています。

今、私たち個人が資産形成をしようというときに、これらを活用しない手はありません。

第4章

インデックス運用の基礎知識

——納得して投資するために

そもそもインデックス運用とは

本章では、「ほったらかし投資」の中核をなすインデックス運用の基礎知識を解説します。

前章までを読まれた読者は、「ほったらかし投資術」を実践できるはずですが、できれば方法の背景にある理屈や根拠を知りたいと思うのではないでしょうか。

本章では、特にインデックス運用について、定義から始まって、その長所、アクティブ運用との比較、インデックス選択の考え方（なぜ全世界株を選んだか等）、さらにインデックス運用に残る欠点などについても説明します。

先ず、**インデックス運用の定義**については、これまでも説明したように「**株価指数（インデックス）に連動することを目指す運用**」だと考えていいでしょう。ここで言う「連動」とは、運用するポートフォリオのリターンを株価指数のポートフォリオのリターンに最も近づけることだと理解しておきましょう。

例えば、２０００銘柄で構成される株価指数をターゲットとするインデックス・ファンドを運用する場合、運用資金が潤沢であれば、２０００銘柄全てを株価指数を計算する際のウェイトと同じウェイトで保有します。資産額の大きなインデックス・ファンドは、多くがこの方法で運用されています（運用資金が小さい場合などには例外があります）。

インデックス運用は、よく、「パッシブ運用」と同一視されますが、両者は定義が異なる運用です。**パッシブ運用の定義は「ベンチマークとの連動を目指す運用」**です。ベンチマークとは、年金基金などの投資家がファンドの運用成績を評価する時に使用する比較対象のことです。

例えば1年間の収益率が10％であった場合でも、市場全体の平均を代用させたベンチマークが20％上昇した時なら「失敗した運用」でしょうし、市場平均が5％の上昇なら胸を張れる「上手い運用」です。プロの世界では、運用を委託する人と受託する人の間では、こうしたベンチマークについて事前に合意して運用することが一般的です。

運用評価の基準になるベンチマークとインデックス・ファンドが連動を目指す指数が異なる場合に、「インデックス運用だけれどもパッシブ運用ではない状態」が起こり得ます。例えば、国内株式のベンチマークにＴＯＰＩＸ（東証株価指数）を使っている年金基金が、日経平均に連動するインデックス・ファンドを保有したとすると、このファンドは「パッシブ運用」ではなく、ベンチマークに対するリスクを意図的に取っている「アクティブ運用」だと整理されます。

インデックスの種類

インデックス（指数）の良し悪しを評価するには、

（1）対象とする銘柄が属する市場・国
（2）採用銘柄数
（3）採用銘柄の属性
（4）指数を計算する上での個々の銘柄のウェイト付けの方法
（5）銘柄・ウェイトの変更ルール
（6）指数の利用状況（先物市場があるか、インデックス・ファンドの資産規模合計はどれくらいか）

といった点を押さえる必要があります。

対象とする国や市場は、単一のインデックス・ファンドのみに投資する場合を前提とすると、一国あるいは一市場でない方が分散投資の効果が働くので好ましい場合が多いでしょう。**「日本株だけ」や「米国株だけ」よりは、「全世界株」や「先進国株」が好ましい。**

インデックスの採用銘柄の数は、そのインデックスを計算する目的によって決まるものの、インデックス・ファンドの連動対象として評価する場合は、分散投資の効果は十分か、対象銘柄の流動性に問題はないかといったバランスを見て評価します。

小型株や新興国株を入れた指数の方が好ましいかどうかは、これらを入れることによる分散投資拡大のプラス効果と、流動性が低い銘柄を入れることによる運用コストの増大や、運用の手間とコストの上昇などのマイナス要因を天秤《てんびん》にかけて評価します。

例えば俗に言う「ニューヨーク・ダウ」は、米国を代表する銘柄が選ばれていますが、銘柄数は30銘柄に過ぎません。運用対象としては分散投資不足です。大型株を中心に米国の株式に投資したい場合は、「S&P500」を対象とするインデックス・ファンドを選ぶ方がいいでしょう。

日本株の場合、日経平均は、225銘柄とインデックスとしてはやや少なめではあるものの、そこそこの数の銘柄数ですが、後述のようにウェイトの付け方に問題があり、「運用に適した指数」とは言いにくい面があります。

TOPIXは東証一部上場銘柄全てが対象で、現在2100社を大きく超える銘柄数を有していて、幅広く分散されている点で運用対象のインデックスとして日経平均に勝ります。但し、インデックス・ファンドの運用上においていえば、時価総額の小さな銘柄が多く、運用に手間が掛かることや流動性に問題のある銘柄が含まれる場合があり、この銘柄数は「やや多過ぎる」かも知れません（深刻な問題ではありません）。

もっとも、現在、TOPIX連動のインデックス・ファンドは運用会社各社がそれなりに大きな規模を持つようになっていて、全銘柄を持つことに大きな問題はなくなっています。

一方、個々に商品化された投資信託の資産規模が小さい場合でも、運用会社の中でまとめて運用するファンドの投資口を、個々のファンド（「ベビーファンド」と呼ばれます）が買い付ける「マザーファンド方式」を取ることで、資産規模が障害にならないケースが増えています。新しく設定されたファンドなどで、資産規模が小さくて不安定に見えても、問題のないケースが多数あります。

投資家としては、500社程度で構成される使い勝手のよいインデックスがあるといいのですが、銘柄数がこれに近い「JPX日経400」は銘柄変更のルールに問題があって、投資対象にするには気の進まないものになっています。

今のところ、**日本株のインデックス・ファンドに投資するなら、消去法的にＴＯＰＩＸ連動のものがいい**でしょうが、単一のファンドに投資する前提で比較すると、先に述べたように、世界の多くの国の株式市場に広く投資するインデックス・ファンドがいいでしょう。

優れたインデックスを見極めるポイント

銘柄のウェイト付けの方法としては、大まかには、Ｓ＆Ｐ５００やＴＯＰＩＸのような採用銘柄を「時価総額」（株価×発行株数または流通株数）によってウェイト付けするものと、ニューヨーク・ダウや日経平均のように一銘柄の投資単位が決まっていて、従ってインデックスの中での株価の大小によってウェイト付けされることになる「株価ウェイト」のものとに分かれます。

日経平均は、例えばファーストリテイリングのような株価が高い銘柄の計算上のウェイトが大きく、同社の株価によっては、計算上のウェイトが10％を超えることがあります。一銘柄に「10％」は運用として考えるといかにも大きく、多くのアクティブ運用の投資信託が過度な集中投資を避けるために、「一銘柄への投資は10％以内」というルールを設けているくらいのものです。後でデータを比較しますが、データを見るまでもなく、「日経平均の方が、TOPIXよりも値動きが荒いな」と感じている投資家が多いのではないでしょうか。

後で説明するように、インデックス・ファンドの優位性を確実に発揮するためには、**「時価総額ウェイト系」の株価指数をターゲットとするファンドを選ぶ方がいい**でしょう。

他にも、銘柄やインデックス計算上における個々の銘柄のウェイトの変更ルールも重要です。インデックス・ファンドは、基本的には、対象となる指数の銘柄入れ替えやウェイトの変更を忠実に追いかけようとします。そのために、他の市場参加者（証券会社や高速取引業者など）に銘柄入れ替えのタイミングに先回りした売買などで、インデックス・ファンドの売買を利用されることがあります。

インデックス・ファンド側が駆け引きなしに素朴に運用すると、インデックスの変更時にインデックス・ファンドから除外される（又はウェイトが低下する）銘柄は一時的に安くなり、新規採用される（又はウェイトが増加する）銘柄は一時的に高くなる可能性があります。

つまり、「**安く売って、高く買う」ので、インデックスそのもののリターンが下方バイアスを持つ公算が大きくなります**。インデックスそのものが受ける影響なので、インデックス・ファンドの投資家には分かりにくいのですが、**インデックス投資の「見えにくいコスト」**の一つです。

また、JPX日経400のように、銘柄選択のルールの中に「ROE（自己資本利益率）が高いこと」といった要素を入れた場合、これがインデックスそのものにマイナスに働くケースがあります。

ROEが高いことは、株主にとっては「資本が効率良く使われていて好ましいこと」なので指数のルールに組み込んで企業経営者への動機付けとしようとしたのでしょう。しかし、先ず、ROEの変化と株価には連動する傾向があります（ROEが上昇する利益が増える時には株価が上がりやすい）。しかし、具合が悪いことに、ROEには「平均回帰的傾向」が観察されています。つまり、ROEが上昇して株価が上昇した状態で指数に入って来た銘柄が、将来ROEが下落すると（平均に戻ると）株価が下落しやすいという残念な「傾向性」があることになります。

いわゆるクオンツ運用（数量分析的運用）をしている人から見ると、**「ROE（が高いこ**

と）**で銘柄選びをすると上手くいかない」**ことは、経験則的な常識なのですが、ＪＰＸ日経４００の作成時には考慮されなかったようです。もちろん、この指数がこの傾向の影響だけを受けるわけではなく、時期によっては他の指数を上回る運用成績を出す可能性がありますが、「嬉しくない傾向性」が銘柄選択ルールに組み込まれた指数です。

また、指数の利用状況も個々のインデックスに影響を与えることがあります。

例えば日経平均は、株価指数先物と現物株式の値差を利益にしようとする裁定取引用のポートフォリオを作りやすく、先物取引の原資産に使い勝手のいい指数です。現実に、日経平均を対象とした先物・オプションの取引の方が、ＴＯＰＩＸの先物・オプションよりも活発に行われています。

この性質は、日経平均のインデックス・ファンドを保有する投資家にとっては、先物を使ったヘッジがしやすいという長所がある一方で、**先物市場の影響を受けてポートフォリオとしての日経平均がより大きく変動しやすいという欠点をもたらしています。**長期的な資産形成の投資では先物取引などによる短期的なリスク・ヘッジを必要としないので、相対比較すると、欠点の方が問題でしょう。

加えて、インデックスに連動して運用される資金が大きくなると、インデックス自体がインデックス運用の影響を受ける場合があります。

一般にインデックスには、「市場の動きを表す統計指標」、「インデックス投資の運用目標」、「デリバティブ（先物・オプションなどの金融派生商品）の原資産」、「アクティブ運用を評価する基準」、など複数の機能があり、これらの機能は両立することもあれば、対立することもあります。

「ほったらかし投資術」にあっては、インデックスを「インデックス投資の運用目標」として適切かどうかの観点のみが重要です。

「世界株」「S&P500」「先進国株」等に点数をつけると

さて、今回の「ほったらかし投資術」では、「全世界株（日本含む）」のインデックス・ファンドにリスク資産の投資対象を絞りました。その背景を説明します。

運用の意思決定を行うためには、期待リターンのデータもリスクのデータ（リターンの標準偏差、リスク資産間の相関係数）に関しても、「将来の」適切な予想である必要があります。それでは、この予想に過去のデータがどの程度役に立つのでしょうか。

過去のデータは、経験的に、（1）リスクの大きさについては「まあまあ役に立つ」、

図9　ETFから計算したリスク（年率標準偏差、%）と相関係数

	〈リスク〉（%）	〈相関関係〉【1306】	【1557】	【1554】	【1680】	【1321】	【1681】
【1306】TOPIX	14.5	1.00					
【1557】S&P500	17.0	0.78	1.00				
【1554】世界株（日本除く）	16.2	0.79	0.97	1.00			
【1680】先進国株（日本除く）	16.6	0.79	0.97	0.98	1.00		
【1321】日経平均	16.2	0.95	0.79	0.80	0.81	1.00	
【1681】新興国株	17.5	0.67	0.74	0.80	0.74	0.74	1.00

2016年８月～2021年７月の月末値から計算

（2）相関係数については「不安定だが参考になる」、
（3）期待リターンに関しては「ほぼ役に立たない」、といった性質があります。

投資家が一番知りたいのは、将来の儲けの期待値に直結する期待リターンですが、**期待リターンに関しては、「過去の延長を将来の予想とする」アプローチは全く役に立ちません。**期待リターンに関しては、「リスク・プレミアムはおおよそこれくらいだろう」といった常識や、「機関投資家はどのような予想を持っているか」といった情報から推測する以外に、プロも個人も含めて投資家にとって可能で有効な方法はありません。

図9は、２０２１年7月を終端とする過去5年間の「円から投資した投資家にとっての現実的なリターンから計算したリスク」について、リスクの大きさ（リターンの年率標準偏差、%）と、リスク資産間の相関関係（相関係数）を、

東証に上場されているETFの価格データからまとめたものです。

先ず、リスクの大きさを見てみましょう。今回調べた5年間のデータ期間は、2020年の「コロナ・ショック」の世界的株価急落とその後の株価の急回復の期間を含んでいますが、全体としては株価の動きが穏やかな時期でした。時期によってリスクの大きさは変わるものの、インデックス間のリスクの大きさの相対関係はあまり変わらないことが多いので、相対的なリスクの大小に注目して下さい。

TOPIXと日経平均のリスクの大きさの数字が印象的です。TOPIXのリスクが14・5%と小さいのに対して、日経平均は16・2%と相対的に大きな値になっています。為替リスクの影響を直接受ける「世界株（日本除く）」と同等程度の大きさでした。

外国株式のインデックスのリスクは、大きい順に、「新興国（MSCI）」>「S&P500」>「先進国株（日本除く、MSCI）」>「世界株（日本除く、MSCI）」となっています。

新興国株式のインデックスは、イメージ通りリスクが大きいのですが、先進国株式と比較した相対的なリスクの大きさはかなり縮小した印象です。新興国の市場の厚みが増したことによる趨勢《すうせい》的な変化なのか、たまたまこの時期の事情によるものか、おそらくは両方でしょう。

投資家が注目すべきデータは、「S&P500」と「先進国株（日本除く）」、「世界株（日本除く）」の相対的なリスクの大きさでしょう。S&P500は、時価総額が大きな大型企業のインデックスであるにもかかわらず、世界に広く分散投資する他の二つの指数よりもリスクが大きくなっています。**「米国市場にだけ投資するよりも、グローバルに広く分散投資する方がリスクは小さい傾向がある」**と言えそうです。

一方、S&P500と世界株を比較して、将来のリターンはどちらが高いかについては、「よく分からない。五分五分ではないか」というくらいのこと以外に言いようがありません。米国経済が近年活況で、今後もそこそこに好調であり得ることは容易にイメージできますが、そのイメージが既に株価に反映しているだろうと考えると、今後の米国株の期待リターンが世界株よりも高いだろうとは全く言い切れません。

一つのインデックス・ファンドに投資することを前提とした、投資対象インデックスの優劣の判断としては、**S&P500よりも世界株（日本除くでも）の方が明らかに優れていると判断します。**

理由は、

（1）現実にデータを見ると世界株の方がリスクが小さいこと（原因は主に国を分散したことによる分散投資効果でしょう）

これに加えて、定性的な判断材料として、

（2）現実に世界株の方が分散投資の範囲が大きい

（3）米国の機関投資家は過去数十年に亘《わた》って米国資産中心からグローバル運用に切り替えてきた

（4）米国株にだけ投資すると制度の変更や政治の変化など米国固有のリスクに集中投資することになる

といったものです。

尚、日本株を含む全世界株に連動するＥＴＦ運用期間が５年以上ある銘柄は東証になかったのでデータに含めていません。ただ、現在日本株は世界株の６％前後の時価総額ではあるものの、日本株を含む世界株の方が僅かながらリスクが小さくなるはずです。世界株同士の比較では、日本株を含む世界株に軍配を上げます。

感覚的な評価で言うと、試験の採点なら、世界株への投資が、日本株を含むもので91点、日本株を除いたもので90点、S&P500は85点に近い80点台前半の点数、というくらいのものでしょうか。大学の成績表で言うと、前二者が「AA」、S&P500が「A」といった感じになります。

一方、相関係数を見ると、この期間の相関係数はS&P500、先進国株、世界株でいずれも0・97以上の高い値になっていて、世界に分散投資しても、米国株との連動性が非常に高いと言えます。

また、TOPIXと3種の外国株式の相関係数は、近年上昇傾向にあり0・8に迫る高さになっています。実は、この数字は年金基金など機関投資家の悩みの種になっています。相関係数が+0・8とは、共にリスクが20%のリスク資産A、Bがあった時に、AとBに50%ずつ分散投資しても、全体のリスクは約19%に低下するだけです。分散投資の効果は、「ない」とは言いませんが、「非常に小さい」のが現状です。

おそらくは、世界株（日本除く）とTOPIXを何らかの比率で組み合わせると、先の点数表から、頑張ると94点くらいの満足度の資産配分を作ることができそうに思いますが、(A) 単一のインデックス・ファンドでリバランス不要（より純度の高い「ほったらかし」

可！）

（B）二つのインデックス・ファンドの組み合わせでたまにはリバランスが必要（純粋な「ほったらかし」ではない！）

の実行上の優劣を合わせて考えて、本書ではリスク資産の運用を「世界株（日本株を含む）のインデックス・ファンド」に一本化しようと決めました。

インデックス運用はなぜ優れているのか？

ファンド・マネジャーが市場平均以上の運用成績を「目指す」、アクティブ運用とインデックス運用を比較すると、現時点では、インデックス運用の方が優れており、インデックス運用を選択することが合理的です。

「合理的」という強い言葉を使う理由は、

（1）運用成績は、インデックス・ファンドの平均がアクティブ・ファンドの平均を上回る

（2）アクティブ・ファンドの中で「今後の」運用成績が良いファンドを選ぶ方法がない

という二つの事実を論理的に組み合わせると、アクティブ・ファンドに投資する場合の運用成績の期待値がインデックス・ファンドに投資する場合を下回るからです（「運用成績」という持って回った言葉は「リスクを調整したリターン評価」の意味で使っています）。

インデックス・ファンドとアクティブ・ファンドの運用成績の比較は、内外でかなりの数の調査が行われて来ましたが、インデックス・ファンド優位の結果は動きません。率直に言って、手数料がインデックス・ファンドよりも高い（運用管理費用が0・5～1・5％くらい高いものが多い）アクティブ・ファンドが、投資家顧客にインデックス・ファンド以上の運用成績を届けることは容易ではありません。

では、なぜインデックス・ファンドの運用成績の方がいいのでしょうか？

一部の人は、「市場が効率的だからアクティブ・ファンドが勝てない」あるいは「理論的」には市場全体の平均を表すインデックスに投資することが合理的なのだ」といった難しくて大げさな理由を挙げますが、これらはいずれも現実と異なります。

市場が「効率的」とは、市場で形成される資産価格（株価など）は、情報を瞬時に正確に反映するのでアクティブ運用にチャンスが生じない状況を指しますが、現実の市場では株価の誤りや、情報への反応の遅れ、または過剰反応などが頻繁に起こっていて、市場は理論家が想像したような意味での「効率性」からほど遠い状態にあります。

しかし、これを利用して**儲けようとする側の人間の能力がごく限られていることと、個々人の投資判断能力の差が安定しない状況にあることが、特定のアクティブ運用者が勝ち続けることが難しいことの原因**でしょう。

単純に投資に関わる知識や処理能力であればプロの間にも差がありますし、プロとアマチュアの間にも大きな差があります。しかし、「株価のミスを見つけてコンスタントに儲ける」という目標の高いレベルから評価すると、それぞれの差は殆ど誤差の範囲で、「不安定なドングリの背くらべ」のような状況だと理解するといいでしょう。

また、かつて学界・実務界で流行したＣＡＰＭ（資本資産価格モデル）というポートフォリオの理論の主張の一部に、「市場は効率的であり、合理的な投資家の行動の結果、時価加重の市場平均への投資が最も優れているはずだ」というものがありました。しかし、この理論は率直に言って、現実の市場に当てはまっていません。

インデックス運用と「市場の効率性」や「ＣＡＰＭ」を関連付けようとする議論には、インデックス運用の優位性を、成立が不安定な「理論的な世界」に閉じ込めてしまいたいというアンチ・インデックス運用論者の潜在的な願望を感じなくもありません。

インデックス運用、特に時価総額加重でウェイト付けされた幅広い対象に投資するインデックス運用が、アクティブ運用に対して有利な理由は、**「運用成績の競争ゲームでは、ライバルの平均を持つことが有利だから」**という素朴で、しかし、素朴であるがゆえに頑健な原則によります。

株式市場で考えるとして、市場の全銘柄の時価総額加重平均で構成されるインデックスで運用するインデックス運用資金を考えてみましょう。

市場全体から、この資金の保有分を差し引いた株式は、市場平均以外のポートフォリオでの運用という意味で「アクティブ運用」です。これらのアクティブ運用は個々の主体間では持っているポートフォリオが異なりますが、その資金額加重合計は市場平均と同じ銘柄とウェイト構成のポートフォリオになります。

つまり、「インデックス運用＝市場平均」と考えると、**インデックス運用は、「アクティブ運用の平均」を持っている**ことになります。

多数のアクティブ運用の「平均」を持っていると、運用成績はアクティブ運用の「真ん中」くらいになりそうに思えますが、「平均」の保有者にはアクティブ運用の保有者よりも有利な要素が一つあります。

それは、アクティブ運用どうしが保有銘柄を売買して売買コストが掛かる一方で、インデックス運用は売買が不要で売買コストが掛からないということです。

実は、この差は、確実で且《か》つ案外大きいのです。

また、インデックス運用の方が広く分散されたポートフォリオを持つでしょうから、個々のアクティブ運用よりもリスクが小さい傾向を持つはずで、この点はリスクを調整して「運用成績」を評価する時に、さらに有利になる要因です。

加えて、現実に投資家に届けられる商品としてインデックス・ファンドとアクティブ・ファンドを比較すると、アクティブ・ファンドの方が、手数料がかなり大きいので、この点でもアクティブ運用が不利になります。

順を追って考えると、インデックス運用が有利である理由は「常識的でつまらない」ものですが、常識的でつまらないがゆえに安定しています。理論家の言う意味で、市場が「効率的」であってもなくても、関係ありません。

現実のインデックス・ファンドには欠点もある

さて、アクティブ運用に対するインデックス運用の優位性の「常識的でつまらない」理由を理解して頂いたとして、それでは、現実のインデックス運用が完璧かというとそうではありません。幾つかの欠点があります。

先ず、インデックスの中には、「市場の平均を表している」ないしは「全く同じではないが、ほぼ市場の平均とみなしていい」と言えるようなものばかりではありません。**ニューヨーク・ダウや日経平均**は、時価総額加重の市場平均からはかなり離れた、言わば**「かなりアクティブな」株価指数**です。「市場平均」に対する勝ち負けは、現実的には「勝ったり負けたり」でしょうが、「平均を持つことの有利」を直接的に実現する運用ではありません。

インデックス運用一般の別の弱点は、インデックスが広く公開されていて、多くのインデックス・ファンドや指数に連動する先物・オプション市場などで利用されていることから起こります。インデックスには、銘柄入れ替えやウェイトの変更があった場合に、インデックス・ファンドや派生商品の利用者がタイミングの遅れなく追いかけることができるように、「売買を事前に公開しなければならない」という性質があります。これは、市場参加者に利用されてインデックス自身が下方バイアスを持ちかねないことを意味します。

また、「市場平均」のインデックス・ファンドであれば、資金の流出入に伴うもの以外に株式の売買が不要ですが、銘柄入れ替えやウェイトの変更を伴うインデックスの場合、保有している株式の中で売買が生じてしまい、売買コストが掛かります。

特に、世界的にインデックス・ファンドが特定の株を保有することが株価の歪みにつながらないように、時価総額加重のインデックスの多くが、市場で売買されない創業株主や大株主の持ち株政策保有の持ち株を除外し、「市場で流通している株式」を推定して、この株数を元に計算された修正時価総額（こうした調整を「浮動株調整」と呼びます）によって銘柄のウェイトが変化する仕組みを導入しています。

この仕組みにはメリットもありますが、大株主の保有の変化などで余計な売買が発生し、売買コストが生じますし、ウェイト変化が市場参加に利用される可能性が生じます。

加えて、近年インデックス・ファンドの運用管理費用が下がってきたことで注目されている要素として、インデックスの発表・販売者（インデックス・ベンダー）は、自分達が作ったインデックスを利用したインデックス・ファンドを利用する運用会社に対して、資産額の、例えば年率2ベーシス・ポイント（0・02％）といったレベルの「インデックスの利用料」を取るという点が挙げられます。この利用料は、運用会社の収益を圧迫しますし、インデックス・ファンドの手数料引き下げを困難にする要因ともなります。

　こうした欠点を解消するには、運用会社自らが、運用に特化した性質を持つインデックスを自社内で独自に作り、インデックス・ファンドの売買が終わってから変更を発表するような仕組みとして、もちろんインデックス・ベンダーに支払う費用を節約するような工夫が一案としてあるように思います。

「運用のためのインデックスを改善したい」と考える運用会社、インデックス・ベンダーがいらっしゃれば、著者達は是非協力したいと思っていることを付記しておきます。

第5章

「ほったらかし投資」実践の勘所

投資と上手く付き合えない人の3パターン

正しく初期設定すれば、投資は「ほったらかし」でいい。

やるべきことは、実は簡単なのですが、結果的に投資と上手く付き合うことができない個人には、以下の三つのパターンがあるように感じています。

第一に、投資を始めることが億劫《おっくう》な人。

第二に、投資を続ける胆力がない人。

第三に、上手くやろうとして動き過ぎる人。

いずれの人も、上手くお金を増やすことができないので、大変残念です。以下、典型的な失敗パターンを確認した上で、投資の原理原則を確認して、正しい「ほったらかし投資」の実行方法について、読者に「腹落ちして」納得して頂きたいと思います。

「億劫」をどう解消するか

実際にお金を動かして投資を始めない限り、投資のリターンを得ることはできません。

そして、人が投資を始めない事情として案外重要なものに、「始めるのが億劫だから」という理由があるように思います。

新しいことを始めるのは、要領が分からないので気後れする。口座開設の手続きや、積立投資の仕組みを作る手続きが面倒臭い。リスクがあって、損をするかも知れないようなことに関わって、損をしたら将来後悔するのではないか。こうしたことをあれこれ考えると、「昨日まで始めていなくて何の差し支えもないのだし、明日以降いつでも始められるのだし、無理して今日始める必要はない」と考える気持ちは分からなくもありません。

しかし、リスクはあるとしても、期待できるリターンが十分魅力的なら、投資はできるだけ早く始める方がいいでしょう。

例えば、率直に言って、新入社員の給料でなら、金融資産の投資に回すよりも、自分の知識や経験、人間関係など広義の人的資本の価値向上に資する投資にお金を回す方が、人生全体を通じた豊かさを得るためには効率的である公算が大きいでしょう。

では、いつ頃から、自分に投資するよりも金融資産に投資する方がより有効な投資になるのか。この点については、人それぞれの条件が異なるので、年齢の目処《めど》を簡単に挙げることはできません。

ただ、**「なるべく早い時期に」**、少額ではあっても積立投資などの形で**「投資を行う仕組みを作ること」**が、その後に必要になる投資の拡大を手続き面で容易にすることと、長期投資を通じた「意外に大きなリターン」の獲得を成功体験としてもたらす可能性の向上を期待できる点で、現実的に有効なのではないかと思います。

例えば、iDeCoに毎月5000円、つみたてNISAにも毎月5000円といった調子で、少しでも早く投資を始めておくことが、その後に投資金額を拡大すべき時にスムーズに実行できるでしょうし、投資の経験値を蓄積する上でも効果的です。

「億劫」は、心理的になかなか手強い敵ですが、「投資を始めた」、「投資する仕組みを作った」という達成の満足感をモチベーションに、ともかく始めてみることをお勧めします。始めてしまえば、後は「止めないこと」と「余計な手出しをしないこと」の二つに気をつけたらいい。

投資は、始めることが大事です。

「続ける」ことの重要性

世の中には、せっかく投資を始めてみたものの、これを続けることができない人がそれなりの割合で存在します。

観察してみるに、続けられない理由が二つあります。

一つは、下落相場に見舞われた時に、怖くなって売ってしまい、その後に株価が売値よりも高くなって、「この株価では買えない」と思って投資から離れるケースです。2008年のリーマン・ショックの後に、なかなか投資を再開できなかった投資家が相当数いました。

もう一つは、投資を始めてある程度株価が上昇して儲けが出た時に一旦「利益確定の売り」を出してしまって、その後の株価上昇過程で株式を買えなくなるケースです。投資は「勝ち・負け」で評価すべきものではないのですが、投資には「損・得」があるので、どうしてもそれを勝ち負けのように意識してしまうのでしょう。

どちらのケースでも、自分が株式を「売った」という行為の意味にこだわってしまうので、投資を続けにくくなってしまいます。

そうならないためにどうしたらいいかと言うと、**買った株式**（本書の投資では全世界株のインデックス・ファンド）**を、お金の必要が生じるまで一切売らないと決める**ことです。

「投資は勝ち負けではない」、「売り買いすることではなくて、持っていることが投資なのだ」という二つのポイントを胸に刻んで淡々と投資を続けることが、おそらくは最適に近い意思決定になります。

投資は、止めないことが大事です。

対面営業で取引する時の注意点

投資には、損得の刺激と、ゲーム性があります。自分のお金を使って、損得を伴いながら、あれこれ試すのは面白い。

インデックス・ファンドではなくアクティブ・ファンドが面白く見えることもあるでしょうし、何らかの方法で売り買いをすることによって市場のタイミングを当てられる場合もあるでしょう。

シンプルな「ほったらかし投資」でいいと思って投資を始めても、他の投資手段や商品を勧めたがる人が、入れ替わり立ち替わり現れるにちがいありません。あなたはお金を持っていて、しかも投資に興味があるのですから、金融機関・運用会社・ファイナンシャル・アドバイザーから見ると「有望な潜在顧客」なのです。

彼らのセールスやアドバイスが、結果的に的確なものである可能性があることを著者達は否定しません。しかし、そうした幸運な事実も、「今後も」彼らのアドバイスが的確であることの保証には一切ならないことに注意が必要です。

また、本書では、ネット証券の利用をお勧めしていますが、事情によっては対面営業の証券会社で取引をしたい場合があるでしょう（本書執筆時点では、銀行でリスク資産を運用するのは１００％ダメだと考えて下さい）。

この場合に、証券会社の窓口では、本書で紹介した条件を満たすインデックス・ファンドを購入できない場合が多く、「その商品は取り扱いがありません」と言われることがあります。こうした場合に、窓口で勧められるであろう、手数料の高い投資信託やラップ運用（ファンドラップ）などを選ぶのは絶対に止めて下さい。

こうした場合の解決方法は、**東京証券取引所に上場されていて、どこの証券会社でも取引できるはずのＥＴＦ（上場投資信託）の中から適当な選択肢を探すこと**です。

一例として、

・ＭＡＸＩＳ全世界株式（オール・カントリー。コード番号２５５９。日本を含む全世界株に投資）

・上場インデックス・ファンド世界株式（ＭＳＣＩ ＡＣＷＩ）（コード番号１５５４。日本を除く世界株式）

・上場インデックス・ファンド海外先進国株式（コード番号１６８０。日本を除く先進国株式）

などが選択肢になり得ます。

購入の際には、対面営業の証券会社が設定した上場株式の売買手数料が掛かり、これがネット証券よりも高い点が残念ですが、一度買ったら何十年も長期保有する前提なので、我慢できる範囲の損です（長期保有すると1年当たりの売買コストは小さくなります）。

離れた場所に住んでいる親御さんなどにリスク資産での運用を勧める際に、ネット証券を使えない場合には「ＥＴＦを使う手がある」ことを思い出して下さるといいでしょう。

こうした場合に肝心なことは、買うべき銘柄を指定して、窓口で「どんなに勧められても」、決して他の銘柄を買ってはいけないと念押しすることです。これは、安全に運用したいお金について「個人向け国債変動金利型10年満期」を勧める場合でも同様です。

「他の商品の説明は、聞くこと自体断るべきだ」と伝えましょう。セールスマンの力を甘く見てはいけません。

複雑にし過ぎないこと・動かないこと

親御さんが所有している資産をチェックすると、毎月分配型の投資信託や、ファンドラップ、外貨建ての生命保険など、手数料が高く、持たない方がいい資産を持っている場合がよくあります。これら三つの商品は、かつて金融庁が「金融レポート」(平成27事務年度版)で、問題があるとして取り上げたものです。即刻解約して、ほったらかし投資術に編成し直すことをお勧めします。

勤労者世代の子供よりも、その親の方が大きな運用資産を持っている場合がよくあります。自分の運用だけではなく、親の資産運用を改善することの方が効果的で且つ重要な場合が少なくないことを強調しておきます。

尚、ETFは上場株式と同様に売買できますが、一旦買ったら「ほったらかし」で長期保有する方針は、通常の投資信託に投資する場合と同様です。遠からぬ将来に、証券会社は売買を勧めてくる可能性がありますが、売買せずにじっと持つことが肝心です。

あれこれの商品や方法に興味を持って、運用を複雑化して、余計な手数料を払い、結果的に失敗して、自らの失敗を認めるのが不愉快なために、投資から遠ざかる人が少なくありません。

アドバイスに支払う手数料は、この本の購入価格で終わりにしましょう！ 費やす時間のコストも含めて、手間とコストを余計に掛ける必要はないと断言します。

投資は、シンプルが一番です。

投資の三原則を「腹落ち」するまで理解する

さて、賢明なる読者は、だいたい何をしたらいいのか、何が怪しいのかを、感覚として理解してくれたことだろうと思います。

著者達としては、ここで、さらに「理解のダメ押し」を提供したいと思っています。お金の運用に関係するビジネスの周辺には、他人からアプローチされるものも、自分が興味を持つものも含めて、非合理的な誘惑がたくさんあります。

ここで、投資で大事な三原則について、投資がなぜ儲かるのかという仕組みとの関連で、幾らか理屈っぽくなりますがきちんと説明しておきたいと思います。

投資の三原則とは「長期・分散・低コスト」のことです。「長期・分散・低コスト」、「長期・分散・低コスト」……。この三語を呪文のように唱えて、ご自身の投資がこれに沿っているかどうかをチェックすると、投資はだいたい上手く行きます。

より丁寧に言うと、**「長期投資」**、**「分散投資」**、**「手数料の節約」**です。

投資とは「リスク・プレミアムのコレクション」

さて、仮に「投資とは何か？」と正面から問われたら、著者達は「リスク・プレミアムのコレクションだ」と答えたいと思います。

投資は、自分のお金を「資本として」経済活動に参加させて利益を得る行為です。その過程で資本に対して形成される価格に「リスク・プレミアム」（52ページ）が織り込まれることが、無リスクの預金などの資産よりも高いリターンが得られる源泉なのです。

先ず、株価を典型とするリスクのある資産の価格の決まり方を考えましょう。現在の株価は、将来の利益に対する所有権として評価されます。その際に、不確実なものである将来の利益の予想を現在の価値として評価するために、投資家は何らかの**割引率**（**将来の価**

値を現在の価値に換算する利回り）を用います。

例えば、1年後の110円を10％の割引率で現在価値に直すと100円です。このような計算で、ずっと先まで含めた将来の予想利益を現在価値にして合計したものが、理屈の上では現在の株価なのです。

この割引率は将来得られる利益が確実なものならリスクの無い資産（短期国債）の利回りに近い低い水準になりますが、将来の利益が大きく変動する場合、その不確実性を負担して資金を供給するには、リスクの無い資産の将来利益に対する利回りよりも、高い利回りを要求することが普通です（読者も「損をする可能性」は嫌でしょう）。

この時に、**リスクを負担する代償として「追加的に要求して」割引率に加えたいと思う利回りが「リスク・プレミアム」（通常は年率のリターンとして表現される）**です。

「低成長」に投資しても大丈夫？

株価の理論的な形成について、数値例で確認しましょう（高校の教科書に載っている「等比数列の和」の公式を使います）。

ここでは、今年度の一株当たりの利益が100円の会社の株式があることを想定し、利益の成長率が変わることによって、この株の理論的な価値がいくらかを見ていきます。

【ゼロ成長の株式A】

今期の一株当たりの利益が100円である株式Aが存在するとしましょう。今、無リスク金利が1%でこの株式に投資家が要求するリスク・プレミアムが5%だとすると、割引率は6%なので、予想される利益成長率がゼロなら、将来の利益の割引現在価値の和として計算される株式Aの理論価格は1667円です（100/0.06=1666.6…）。

【プラス2%成長の株式B】

同じく一株当たりの利益が100円の株式Bがあって、利益が永続的にプラス2%で成長するなら、割引率は6%なので、株式Bの理論価格は2500円になります（100/(0.06－0.02)＝2500）。

【マイナス2%成長の株式C】

さらに、一株当たりの利益が100円の株式Cがあって、利益が永続的にマイナス2%

で縮小する場合、割引率は6％なので、株式Cの理論価格は1250円となります（100/｛0.06－（－0.02)｝＝1250)。

それぞれに適正な価格がついている状態で投資するのであれば、A、B、C、いずれの株式に投資しても、期待リターンは無リスク金利1％にリスク・プレミアム5％を加えた割引率と同じ6％になる理屈です。

株式投資の意味について、「企業の（あるいは経済の）成長を買うものだ」と主張する人が少なくないのですが、マイナス成長でも株価が正しく形成されていれば、投資でリスク・プレミアムを得ることが十分期待できます。

一方、利益が成長する会社でも、適正価格よりも高い株価で投資すると、得られるリターンは小さくなります。

そもそも、著者達は、投資にあって「信じる」という心の持ち方には賛成しませんが（おそらくは「賭ける」くらいが適切でしょう）、投資する際に敢えて「信じる」に足る原則があるとすると、企業の利益や経済の成長ではなく、「市場の価格形成の適切性」でしょう。

「資本主義」も「市場」も共に弱点があって、命を懸けて信じるにはあまりに頼りない代物ですが、投資家であるわれわれが期待するべき相手は、市場に参加している投資家達のリスクを嫌う感情と、現実に存在するリスクです。

投資にあっては、実は「リスクを買う」ことが本質なのだと割り切るのがいいと思います。企業の利益や経済の成長を「予測」する必要はありません。

こうした「資本の価格の形成原理」を理解して頂くと、経済が低成長だったり、マイナス成長だったりしても（著者達はいずれの事態も望んでいませんが）、その時々に適正な株価で行う株式投資には、「リスク・プレミアム」を含むリターンが期待できることがお分かり頂けるでしょう。

インデックス投資にあって、利益予想が低成長だと予想される株式にも投資することに対して心が穏やかではないかも知れませんが、大丈夫なのです。**高成長な企業も、低成長な企業も、投資の観点では等しく愛して下さい。**

いくらか厳しいことを言いますが、いわゆる投資教育にあっては、割引現在価値とリスク・プレミアムについて理解させることは、株式投資について投資家本人が判断できるためには必須の条件です。この点をスキップして、「株式に投資されたお金は生産活動に回って役に立つから」とか、「人間には欲望があり資本主義経済は成長するから」とか、果ては「応援したいと思う会社の株式を買ってみよう」とかいった理由で株式への投資を勧めるのは正しくありません。

尚、利益の成長という点については、「成長率の予想外の変化」の影響が極めて大きいことが先の数値例からも確認できます。例えば、株式Cのマイナス2%成長の見込みが、株式Bのようにプラス2%成長に上方修正された場合、株価はいきなり2倍になります。

逆のケースは悲惨です。例えば、1990年代のバブル崩壊以後の日本の株価は、成長率の予想の下方修正が趨勢的に続いた結果、長期的に低迷したと考えることができるでしょう。加えて、その低迷の結果、投資家が株式に要求するリスク・プレミアムが拡大したことがさらに株価の下落に影響したかも知れません。

しかし、株価が低成長を十分に織り込んでいるなら、日本株への投資を嫌う理由はありません。

「長期投資」の意味

さて、株価が適正に形成されていれば、株式投資ではリスク・プレミアムが得られることを期待できます。では、リスク・プレミアムを得るにはどうしたらいいのでしょうか。

リスク・プレミアムは利回りなので、時間と共に実現すると期待されます。自分の資金を株式を通じて資本として経済に参加させながらリスク・プレミアムの獲得を目指すことが、投資家がリスクに見合うリターンの獲得を目指す基本的な方法となります。

もちろん、「ゼロ成長」、「プラス2％成長」、「マイナス2％成長」といった予測は、時間と共に変化しうるので、A、B、Cそれぞれの株価はその都度適正に形成されるとしても、かなり変動するにちがいありません。「変化を他人よりも上手く予想できる」という前提があるのではない場合、**投資家にできる最善の方法は、自分にとって適切な大きさのリスク分だけ株式を保有し続けて、リスク・プレミアムの実現を期待する**ことになります。

加えて、現実の株式投資では、結果的にリスク・プレミアムの実現をもたらす株価の上昇は、なだらかに連続的に起こるよりは、予測できない日に急激かつ大幅に起こることが多いのです。投資家は、自分の資金を株式に投じた状態で**「マーケットに居続ける」**以外に、この上昇を手にする方法がありません。

もちろん、期待値としての投資収益は、時間と共に拡大すると考えられます。「長期投資」を大方針として、マーケットに居続けることが投資家にとっては合理的なのです。

「分散投資」の意味

予想される成長率に応じた株式A、B、Cの株価の形成を一通り説明された後に、「では、理論株価で投資するとした場合に、あなたはどの銘柄に投資したいですか?」と訊かれたら、読者はどのように答えるでしょうか。

「やっぱり成長している方がいいから株式Bがいい」とか、「株式Cに投資する方が逆張り的で格好がいい」といった、「好み」で答える方がいるかも知れませんが、実は、先の質問は、それ自体に「引っかけ」的な要素があります。

金融論的には、1銘柄だけを選んで投資するのではなく、「A、B、Cそれぞれに分散投資する」が正解になる場合が多いはずです。3銘柄でも分散投資すると、それなりのリスク低減効果はあるはずなので、割引率である期待リターンを6%に保ったまま、1銘柄に投資するよりも小さなリスクで投資ができます。この場合、分散投資を行わないのは「もったいない!」と言えます。

この例は、国際分散投資の文脈で、高成長な経済の国(株式B的な国)の株式と、マイナス成長の経済の国(株式C的な国)の株式の両方に投資することが、分散投資として正解になるといったケースに当てはめることもできるでしょう。

低成長、あるいはマイナス成長の国の株式に投資するのは、心理的に大きな抵抗があるかも知れませんが、「両方に分散投資すること」がおおよその正解になることは心得ておきたい原則です。

分散投資は、投資家が自分でできる運用改善の手段であるところに大きな意義があります。投資の意思決定にあって、「投資すべきは、Xか、Yか？」と迷った時には、無理に理由を作って一方を選ぶのではなく、**「決定的な理由がないのだから、できる最善の努力は分散投資だ」と考えて、XとYの両方に分散投資する**ことが正解になる場合が多いのです。

尚、分散投資によるリスクの低減は、より大きな金額を投資できるようにするためにも重要です。例えば、ポートフォリオの金額当たりのリスクを小さくできれば、許容できる損失額から逆算される投資可能額を大きくできます。つまり、より多くのリスク・プレミアムを集めることが期待できるわけです。

金額当たりのリスクの縮小は、より大きなリターンを目指す手段を可能にする効果があります。

「低コスト」の意味

先のA、B、Cの例では、手数料コストを考えていません。それでは、それぞれがETFで、運用管理費用（信託報酬）が存在する場合、期待できるリターンは運用管理費用で差が付くことになります。

手数料は、「リスクゼロで確実に発生するマイナスのリターン」です。運用に与える、その影響は極めて大きいのです。

例えば、6%で20年間複利運用できれば、運用資産は元の投資額の約3・2倍になると期待できますが、毎年1%の手数料コストが掛かって5%の複利運用になると、約2・7倍にしか資産は増えません。毎年2%の手数料コストなら約2・2倍です（いずれも小数第2位を四捨五入）。せっかくのリターンを、金融業者と「分ける」ことが、いかに損なのかがよく分かるのではないでしょうか。

米国の金融アドバイザーは、アドバイザーが顧客に提供する「価値」の内訳として、厚かましくも「市場に居続けることによるリターン」をカウントすることがありますが、**「市場に居続けること」は個人が自分の判断で行うことができる意思決定**です。わざわざアドバイザーを雇って追加的な手数料を払うのはもったいないのではないでしょうか。

投資家としては、「いいタイミングを判断することは誰にも（アドバイザーにも）できないので、市場に居続ける以外に良い方法はないし、そのためには分散投資された状態で資産を持つことが効率的であり、なるべく手数料コストの小さい商品で運用するのが合理的だ」と一度理解してしまえば、それで済むことなのです。

自分にとって適切な大きさのリスクに納得した上で、全世界株のインデックス・ファンドでも買ってしまえば、資産運用は完成します。本書の読者は、アドバイザーなしで適切な運用ができるはずです。

運用が仕事でも趣味でもない人は、本書の運用以上に運用を複雑化する必要は全くありません。大いに人生を楽しんで、お金が必要になったら、必要額だけ解約・換金すればいいのです。

積立投資は、実行しやすい貯蓄の習慣と資産形成のための投資を両立させやすい方法である点で優れています。一方、積立投資のメリットを語る際に「ドルコスト平均法による有利性」を理由に挙げることは不適切です。

投資できる資金を既に持っている場合は、買い付け時期を分散させると機会損失が起こります。また、「既に買って持っている資産」については、過去にどのような買い付け方をしたかによって保有リスク資産額当たりのリスクが変化することはありません（つまり「有利」になることはないのです）。

第2章でも書いたように、積立投資は、例えば定期的な収入があるサラリーマンにとって、毎月の最適投資額が追加的に増えている状態なのだと理解することが適切でしょう。

運用の商品やサービスを選択する際の「コスト」の問題は、一般的な原則から外すにはあまりに重大で決定的なポイントだと思います。

著者達は投資の一般的な原則として「長期・分散・低コスト」が最適だと考えています。呪文のように唱えて下さい。「長期・分散・低コスト」、「長期・分散・低コスト」……。

「コロナ・ショック」のような危機にどうする？

さて、投資は「長期・分散・低コスト」がいいのだと澄ましていても、2008年のリーマン・ショックや、2020年のコロナ・ショック（先進国の株価の底は3月で、その後に急回復しました）のような時に、投資家はどうしたらいいのでしょうか。

最近の出来事で考えると、コロナ・ショックの渦中では、これ以上株価が下がるのではないかという予想と、ここは下げ過ぎなので少なくとも持ち株（インデックス・ファンド）は売らない方がいいのではないかという予想とが心の中で拮抗して、相当に迷った投資家が多かったのではないでしょうか。

この波乱の相場の中で著者達は、「では、今の投資行動としては何が正しいか？」と自問しましたが、ほぼ常に**「今の情報は、今の株価に反映しているのだろうから、自分が保有するリスク額が適切なら、そのまま持っているのが適切だろう」**がその答えでした。

新型コロナに関する情勢（各国各地の感染状況など）や情報（ワクチンの効果など様々）は、その時々に大きく変化し、さらに経済政策が変化することで、株価は大きく動きました。しかし「その時々」には、投資家にとって「その時の株価が正しい（だろう）」と認めて投資し続ける以外、適切な選択肢がないということを確認し続けるほかありませんでした。

リーマン・ショックはもう少し回復に時間が掛かり、日本のバブル崩壊は回復に相当に長い時間を要しました。しかし、その過程を考えると、いつ投資を減らしていつ投資を増やしたらいいのかという点に関する、信頼できる判断根拠を得ることは難しかった。これは、プロを含めて誰にとっても難しかったのです。

このように難しいことに対しては、難しさを減らそうと努力するよりも、「(誰にでも)

難しい」ことを前提とした上でどうしたらいいかを考えることが現実的です。

そして、その答えは「ほったらかし投資術」です。

「市場は間違えることがあるとしても、概ね正しい価格を形成するのだろう」と考えて、「上げ相場にも下げ相場にも、全て付き合う」と決めるのが、自分が他人よりも優れた情報や解釈能力を持っていないことを自覚する「賢い投資家」の行動ルールでしょう。

相場に関して、考えたり悩んだりすることは、自然なことですし悪くはありません。しかしそこで、自分が考えたり悩んだりすることに、どのような意味があるのかを冷静に自問することが大切です。

そして、それ以上に、他人が考えた予想やアドバイスにどんな価値があるのかに想像力を巡らせることが大事なのだと強調しておきます（殆ど無価値です！）。

「ほったらかし投資術」は、読者ご自身がその内容をすっかり理解して、これから外れる、言わば雑音を排除することができるようになった時に「最強の資産運用法」として機能するでしょう。

つまらない運用商品やサービス、そして運用情報のあれこれに、時間と手間とお金を使うのはもう止めましょう。

第6章

よくある質問にお答えします

ほったらかし投資でＦＩＲＥできる？

Q ほったらかし投資でＦＩＲＥ（早期リタイアできる資産形成）できますか？　さすがに一発当てる投資法でないと厳しいのではないでしょうか。

A 「早期」をどのくらいの年齢と考えるか、生活費に対してどのくらいの金額を持つと安泰と考えるかによりますが、**ＦＩＲＥを目指す場合の手持ちのお金の運用方法としては、「ほったらかし投資」が最も合理的**です。そして、ＦＩＲＥは可能でもあります。

一発当てようとして、当たらなかった場合のことを考えると、どうするのがいいかは明らかでしょう。結果論は別として、ほったらかし投資よりも明白に上手く行く方法がないのだとすると、運用は、ほったらかし投資で行くしかない。まして、ＦＩＲＥを目指す人は、金融的な安心を手に入れたいのでしょうから、「一発」当てようとするアプローチは「合わない」はずです。

具体的に考えてみましょう。

ほったらかし投資術が想定するリスク資産運用（全世界株式のインデックス・ファンド）

の課税前の期待リターンをやや慎重に年率５％、金融所得に対する税率を20％と考えると、年間の金融資産運用の期待収益率は４％となります。ＦＩＲＥを目指すことを考えてみましょう。

例えば、**手取り所得の半分を投資に回し、半分で生活すると、大まかに18年くらいで年間生活費の25倍を超える金融資産ができます。**仮に、手取り収入が５００万円の人が２５０万円投資に回して、２５０万円で生活すると、18年後に資産が６２５０万円を超えます。するると、この資産の年間の期待収益である２５０万円で暮らせるなら、金融資産の収益から生活費を賄って、しかも金融資産が減らない状態を作ることができます。「ＦＩＲＥ！」と考えていいでしょう。但し、「年間支出２５０万円相当のＦＩＲＥ」です。

「４％」を基準となる収益率とすると、例えば１億円持っていると「年間支出４００万円相当のＦＩＲＥ」ができる、という計算になります。これで十分足りる人もいるでしょうし、これでは足りない人もいるでしょう。

さて、一方、**普通のサラリーマンの場合**（厚生年金があるとします）、ざっくり言って、**手取り所得の20％くらいを貯蓄・投資に回しておくと、老後のお金が準備できる**計算になります（年金と合わせて、現役時代の支出の70％くらいの生活が30年くらいできる）。手取り収入が500万円の人の場合、年間支出400万円で暮らして、100万円を投資に回す計算になります。

この場合にも「4%」の運用利回りを想定すると、18年後には2500万円くらいの金融資産を持っている計算です（まあまあの状況ではないでしょうか）。

さて、以下、書き手の側の価値判断が入りますが、お許し下さい。

例えば、25歳から年間250万円を投資に回し、250万円で生活したAさんと、100万円を投資に回して400万円で生活したBさんは、18年後の43歳時点でどうなっているでしょうか。

この時点で、Aさんは6250万円、Bさんは2500万円を持っています。

もちろん、Aさんの経済的余裕と金融的独立を評価する考え方を持つ方もいるでしょう。しかし、他方で、年間150万円支出が違う生活を18年続けたことの効果が無視できません。150万円の差が丸々教育費的な自己投資になっているとは限りませんが、Bさんの方がAさんよりも、この間スキルに多く投資していたり、豊かな経験を持っていたり、良い人間関係（人付き合いはお金と時間を必要とする「投資」です）を持っていたりする可能性が小さくないように思われます。

端的に言って、ＦＩＲＥを目指したＡさんは、老後の生活費とのバランスを取りながら支出と投資を配分したＢさんよりも、43歳時点で、「より稼げない人」になっていたり、遠慮なく言うと「よりつまらない人」になっていたりするのではないでしょうか。

ＦＩＲＥを目指す若い人には、金融資産の形成ばかりを重視して、**自分の人的資本に対して過小投資になっていないか**という可能性が心配になることがあります。また、お金には有効に使えるタイミングというものがあります。

旅行、趣味、スポーツ、美味《おい》しいワイン、芸術鑑賞など、若い時分に楽しむことが後にも有効だったり、良い思い出が長く残ったりする性質の支出対象は少なくありません。世の中には、中年以降では、使えなかったり、使っても有効でなかったりする支出対象が多数あります。お金は、単に増やすだけではなく、有効な時に使うことが大切です。

爪に火を灯《とも》して（ＦＩＲＥして！）まで投資のお金を確保しようとすることはお勧めしません。

「人生を最大限に楽しむための方法」が「ほったらかし投資術」の重要な裏テーマです。

（山崎）

まとまったお金がある場合は一括で投資したほうがよい？

Q 退職金（相続）でまとまったお金がある場合、積立で投資した方がいいのか、それとも一括で投資した方がいいのでしょうか？　第2章には「既に投資できるまとまったお金を持っている投資家は、『自分が保有するのに最適だと思うリスク資産額』を一度に投資することが合理的」とありますが、例えば株価が高いときに一括投資することに対して不安に思っています。

A まとまったお金は一括投資が合理的になるケースが多いと思います。すこし細かく見ると、二つの前提条件によって、結論が分かれます。

前提条件①として、現在、まとまったお金がある人（一部のお金持ちや相続、退職金など）とない人（毎月の給料の中から投資資金を捻出するしかない人）という違いがあります。ない人は、必然的に「ドルコスト平均法」が最も合理的な投資戦略になると思います（ちなみに、私もここに属します）。

まとまったお金がある人は、次の前提条件②として、投資判断能力として、自分は「投

図10
一括投資がいいか、ドルコスト平均法がいいかの前提と最適解

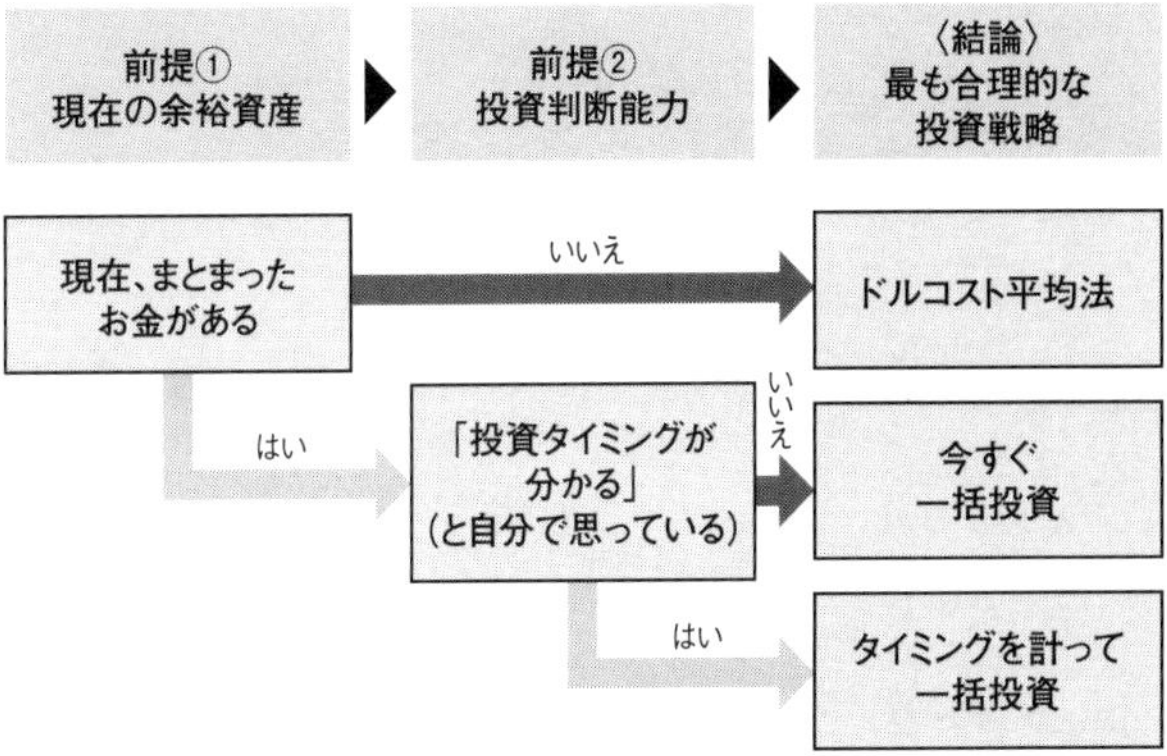

水瀬作成

資タイミングが分かる」かどうかが問われます。

投資タイミングが分かっていない人は、「今すぐ一括投資」が最も合理的な投資戦略になると思います。投資資金を遊ばせておく「機会損失」が最も小さくなるからです。

ここで、まとまったお金があるけれどなんとなく積立がいいのではないかと考える人たちが、「一括投資の直後に相場が暴落したらどうするんだ？」などと言ってゴネる姿をよく見かけます。

でも、その人は積立がよいかもしれないと思う程度には「投資タイミングが分からない」という前提の人なので、必然的に機会損失が最も小さい一括投資するのが合理的となります。

まとまった金額があるのに分割して投資することを私は否定しません。まとまった金額を目をつぶって一括投資することにまったく抵抗がない人などいないと思います。何回かに分けて投資したくなるのが人情ってやつです。ただ、それは「気持ち」の問題であり、必ずしも合理的な判断ではないと知った上で、あえて自分は選択しているのだという理解は必要だと思います。

さて、**「まとまったお金があり」、かつ、「自分は投資タイミングが分かる」という類いまれな人は、「タイミングを計って一括投資」が最も合理的な投資戦略になる**と思います。こういう稀有《けう》な人たちは、そもそも「一括投資か積立投資か」などという議論には参加せず、粛々と儲けているように思います。（水瀬）

バランス・ファンドはほったらかし投資向き？

Q バランス・ファンドをどう考えますか。バランス・ファンド一本をおすすめする本もありますが、世界株一本と比べてなぜダメなのでしょうか。

A バランス・ファンドを勧める人は、しばしば、「運用のリスクは、リスク資産への投資額で調整する方が、運用商品の選択で調整するよりも効率的である」ことを見落としているか（これは単純に愚鈍）、敢えて無視しています（こちらは、運用会社、金融業界への迎合が理由でしょう）。

特に**低金利の現在、内外の債券に投資することは非効率的**ですし、債券に投資したい部分については、本書でお勧めするように、自分で個人向け国債（変動金利型10年満期）にでも投資する方がリスク・リターンの効率が好ましい。

加えて、「バランス・ファンド＝株式＋債券」に対して掛かる運用手数料は、**同じだけのリスク資産を含む「株式ファンド」＋「個人向け国債」に投資する手数料よりも高くつく**ことが多い点にも注意が必要です。

「初心者にはバランス・ファンドもお勧めです」と書いているようなお金の本は、たぶん著者自身が初心者並みの知識なのでしょう。

特別な事情がある場合を除いて（特別な狙いの資産の組み合わせを、よく分かる投資家が自分の責任で「良い」と判断した場合です。本書の読者には無関係です）、バランス・ファンド及びそれを勧める人は、全て不適切だと考えておいていいでしょう。（山崎）

証券会社が潰れたらどうなる?

Q 証券会社が潰れてしまうことはないのでしょうか? そうしたら私のお金はどうなりますか?

A 証券会社（販売会社）が破綻してしまうことはありえますが、私たちのお金が毀損することはありませんので、安心してください。販売会社は投資信託を取引する窓口ですが、お金は信託銀行が信託財産として管理しています。したがって、販売会社が破綻したとしても私たちのお金が毀損することはありません。保有していた投資信託は、別の販売会社に移管されて、引き続き運用することができるでしょう。

運用会社が破綻したとしても、信託財産の保管や管理は信託銀行が行っているため、私たちのお金が毀損することはありません。運用していた投資信託は他の運用会社に運用が引き継がれるか、繰上償還されることになります。

信託銀行が破綻したとしても、信託財産は信託銀行が自社の財産とは切り離して管理（分別管理）することが法律で義務付けられているため、私たちのお金が毀損することはありません。
つまり、**投資信託の仕組みに関わる三社（販売会社、運用会社、信託銀行）のどこが破綻しても、私たちのお金は制度的に守られているので安心**なのです。気持ちを楽にしてゆったり構えて運用しましょう。（水瀬）

外国債券のインデックス・ファンドはなぜダメ？

Q 外国債券のインデックス・ファンドは選択肢としてなぜダメなのでしょうか？「株よりも債券のほうが、リスクが小さい」と聞いたことがあります。

A 一般論として、外国債券には、為替変動のリスクがありますが、国内債券よりも期待リターンが高いとは言えません。ざっくり言うと、**為替のリスクがあるのに、高いリターンが期待できないから外国債券への投資はしなくてもいい**、ということです。

外国為替市場は、異なる通貨の交換比率と金利をセットで取引するマーケットなので、「金利が高いA国の通貨と債券」と「金利が低いB国の通貨と債券」のセットのいずれが、将来の日本円で評価した場合の期待リターンが高いのかは分からないのです（五分五分としか言いようがありません）。そして、このA国、B国の中には日本も入ると考えてみて下さい。将来、内外の債券の利回りが大いに高くなった場合に、株式と債券を組み合わせる効果が無視できない大きさで期待できるようになるかも知れませんが、それはかなり先のことでしょう（日本の10年国債の利回りが2％を超えたら考えようかと思います）。

本書では、当面、外国債券で無駄な為替リスクを取るよりも、為替リスクを外国株式に充てる方が得策だろうと考えています。（山崎）

ほったらかし投資のベストな終わらせ時は？

Q ほったらかし投資のベストな終わらせ時を教えてください。あえて終わらせないというのも有効なのでしょうか。またiDeCoとつみたてNISAの満期後の取り扱いをそれぞれ教えてください。

A ほったらかし投資の終わらせ時は特にありません。好きな時に終わらせたらよいと思います。人生においてまとまったお金が必要になったり、それ以上お金を増やす必要がなくなったり、事情は人それぞれでしょう。

ただし、市場が下落して損失を被ったから終わらせるというような「相場状況の都合」で運用を変更するのはいただけません。**ほったらかし投資では、いわゆる「損切り」は不要**です。損切りの癖をつけてしまうと、ほったらかし投資では儲けにくくなります。多少の損失は覚悟の上で、自分のリスク許容度の範囲内で運用しましょう。

・iDeCoは、原則60歳まで途中解約して換金することができません。60歳から70歳（2022年4月からは75歳）になるまでの間に、自分で5年から20年の間で期間を設定して、年金として定期的に受け取ることになります。また、その期間内に、一時金として一括で受け取ることもできます。

つみたてNISAは、いつでも途中解約（売却）して換金することができます。ただ、投資してから20年間の非課税期間中に**途中で解約（売却）してしまうと、非課税枠は消えてしまい復活しないので、できるだけ20年間運用**しましょう。20年後、いっさい課税されることなく普通の課税口座（一般口座or特定口座）に自動的に時価で移管されます。そのまま運用を続けるも良し、売却して換金するも良しです。（水瀬）

為替ヘッジあり、なしとは？

Q 本書でお勧めしている全世界株式の説明文に「為替ヘッジなし」という説明を見つけました。これはどういう意味でしょうか？「為替ヘッジあり」と「なし」の銘柄は、どんな基準で選ぶと良いのでしょうか？

A 為替リスクは「ゼロサム・ゲーム的な」リスクを取っても期待リターンが増えない投機のリスクであり、できれば負担したくないリスクなので、このリスクを相殺するようなオペレーション（＝為替ヘッジ）を行っているファンドには一定の意味があります。

一方、為替ヘッジにはある程度の取引コストが掛かるので、これが投資の効率を下げる場合もあります。

近年、ドルと円の為替レートの変動が小さくなったこともあり、また、全世界株式のインデックス・ファンドの場合、為替リスクが多くの通貨に分散されて小さくなる効果もあるので、本書では**「為替ヘッジなし」の商品でもいい**だろうと判断しました。

為替レートは、長期的には内外の物価の差で決まるので、投資を「長期的なリスク・プレミアムのコレクションだ」と考えると、それほど気にしなくてもいいのではないかという考えも背後にあります。

全世界株式への投資の趣旨は「世界のビジネスに分散投資すること」なので、日本円の為替リスクがどうにも気になって仕方がないという方は、「為替ヘッジあり」の商品を探して投資するのも一つの選択です。（山崎）

全世界銘柄は「日本除く」と「含む」どちらがよい？

Q 全世界銘柄は「日本除く」と「日本含む」、どちらがいいのでしょうか？　全ての給与を日本円でもらっている以上、リスク分散のためには「日本除く」にしたほうが賢明な気もしているのですが……。

A **「日本を含む」全世界株式が良い**でしょう。MSCIオール・カントリー・ワールド・インデックス（MSCI ACWI）を構成する49カ国のうち、日本株だけが断然ダメだという特段の確信をあなたが持っているわけでもない限り、全世界の株式に投資しておくのが良いだろうというのが本書「ほったらかし投資術」の結論です。

なお、**全世界株式のうち日本が占める割合は、1割以下**しかありません。「日本除く」と「日本含む」のどちらが良いのか？ リスク分散になるのでは？ と目くじらを立てて検討しなければならないほどの影響はありませんので、気持ちを楽にしてゆったり構えて運用しましょう。（水瀬）

仮想投資でほったらかし投資はできる？

Q 仮想通貨にも分散投資した方がいいですか？

A 仮想通貨には、それが人々に受容される限りにおいて十分価値があります。仮想通貨をインチキなものだと思い込む必要はありません。将来、仮想通貨によるキャッシュレス決済などが普及した時には、こだわることなく適応できるような心の準備を持つことが望ましいでしょう。

しかし、仮想通貨とリアル通貨の交換比率に賭けることは、ちょうど外国為替での投機がそうであるように、資本への「投資」とは異なる、ゼロサム・ゲーム的な「投機」です。原理的に長期的な資産形成に向いたリスクの取り方ではないので、**ほったらかし投資の投**

資家は、仮想通貨には分散投資しなくて良いでしょう。（山崎）

インデックス投資と環境問題の関係は？

Q インデックス投資家です。実は、インデックス投資と世界の環境問題の関係が気になっています。環境問題を解決するには資本主義を捨てなければならないという主張を聞くこともあります。また、インデックス投資では、環境に悪影響を与えている企業にも投資して資金を提供していることになりますが、いいのでしょうか？

A 環境問題と投資の関係には重要な論点が幾つかあります。

先ず、純粋に運用の立場からすると、「環境」を投資に持ち込むことはパフォーマンスの悪化要因です。環境を理由に組み入れ銘柄を制約することは、ポートフォリオを作る際に銘柄選択と投資ウェイトのベストの組み合わせからの乖離を生むので、結果論はともかく、その時点でベストでないという認識が必要です。

世間ではビジネスとしての「ＥＳＧ投資」が盛んですが（インデックス運用ばかりになると運用業界が儲からないから、必死なのでしょう）、年金基金など、他人の資産を預かってべストに運用しなければならない条件の下では、ESG投資は不適切です。**個人が自分のお金でESG投資のファンドに投資するのは自由ですが、お勧めはしません。**インデックス運用で効率的に稼いだ後に、その気があれば寄付でもするといいと思います。

因みに「環境」が企業評価にとって有効な要因なら、株価が高く評価されている環境優等生企業がそのまま優等生なら株価は普通に推移するでしょうが、株価が低評価な環境劣等生企業が環境問題への対応において「少し改善する」なら、株価は好反応を見せるでしょう。また、ファンドには、株主として投資先の企業と対話する道もあるので、投資先の環境劣等生企業に問題への対処を改善するよう働きかける道もあります。

環境優等生企業にだけ投資をすることが、世の環境問題の改善につながる訳ではありません。インデックス・ファンドの投資銘柄の中には、環境に負荷を掛けている企業の株式も含まれますが、気にする必要はありません。

重要なのは、環境問題に社会が直接対処すること（例えば炭素税の仕組みを作る等）です。また、投資家は、企業を評価する要素の一つとして環境問題へのコストや投資を考えたらいい。但し、あくまでも、複数ある重要な要素の中の一つだというに過ぎません。

さて、地球温暖化などを含む環境問題は将来、世界の経済活動の大きな制約要因になる可能性があります。かつての大気汚染や水の汚染のような公害問題への対応を振り返ると、世界の環境問題に各国が協調して本気で取り組むようになるには、まだまだ時間が掛かるように思われますが、将来問題が深刻になった場合、世界経済がゼロ成長やマイナス成長に陥る可能性がないとは言えません。

プラスの成長がないと、世間の論調を見るに、資本主義や投資は成立しないと考える向きが少なくないようなのですが、それは正しくありません。

収益の機会が少なくなると投資そのものの量が減少しますし、投資の量が調節されると資本のリターンは投資のリスクに見合うリターンに調節されます。本文でも説明したように、株式の利益成長がゼロでもマイナスでも、その予想を反映して、さらにリスク・プレミアムを織り込んだ株価を形成することは可能であり、こうした企業の株式への投資にはリスク・プレミアムの実現が期待できます。

一口に「資本」と呼ぶと、一つの不気味な生命体のように思いがちですが、実体は、お金持ち（資本家）の持っている財産に過ぎません。お金持ちは、お金を再投資に回すこともできますし、消費してしまうこともできます。株式会社の場合、利益よりも配当や自社株買いなどの株主還元を増やすと、資本はスリムになります。米国の一部の企業などの間では、既に起こっていることです。

例えば、人口減少で経済が縮み、資本も小さくなると投資には希望がないと思うかも知れませんが、大丈夫です。資本家の人口も減ります。案外、心配はありません。

たとえマイナス成長に陥ろうとも、資本主義を運営しつつ、投資にはリスク・プレミアムがある状況を維持することは十分可能です。もちろん、資本の所得者はそれなりに「強欲」を持っています。これを制御して環境との両立を図ることは、社会の重要な責任です。

（山崎）

特別鼎談

バンガード撤退後のインデックス・ファンドの未来

——元バンガード／ステート・ストリート勤務の金野真弓さんに聞く

※ステート・ストリート・グローバル・アドバイザーズ

若者にも高まる投資熱

山崎　金野さんは、バンガード・インベストメンツ・ジャパンでインデックス・ファンドの普及に長く努めて来られました。ステート・ストリート・グローバル・アドバイザーズに転職されてからも同様です。バンガードとステート・ストリート、これにブラックロックを加えると世界のインデックス・ファンドの三巨頭が揃う。

世界的な運用会社の立場から日本の個人投資家はどう見えていたか、インデックス・ファンドが日本で普及するこの十数年の過程をどうご覧になったかを是非お聞きしたい。それで今回の「第3版」にお招きしました。水瀬さん、投資ブロガーの間では、バンガード時代の金野さんはどのような存在だったのでしょうか。

水瀬　金野さんがバンガードに入られた十数年前、インデックス投資に関する情報はあまり出回っていませんでした。本もない、雑誌にも出ていない。そのような中で、インデックス投資に関するデータや情報を惜しみなく提供してくれていたのがバンガード。それらのコンテンツ企画制作や発信を担当していたのが金野さんでした。日本の個人投資家にとって金野さんは「バンガードの顔」で、今もファンが大勢います。

山崎　バンガードには、「バンガード・トータル・ワールド・ストックETF」（ティッカーコードはVT）という商品があります。全世界の株式に投資するインデックス・ファンドの先駆けです。日本では投信ブロガーの間で人気を集めた商品でした。「これ一本あればいいのか」と思わせる画期的なファンドです。

金野　運用会社のマーケティング活動を通じて、お勧めしても実際に投資を始める方がなかなか増えないと感じていましたが、最近は、特に若い世代の情報感度と実行力の高さを知って、とても明るい兆しを感じています。

山崎　**若者に限らず、投資に対する関心は近年、着実に高まっています。**おおまかな流れ

金野真弓
こんの・まゆみ

Bogleheads®（ボーグルヘッズ）日本チャプター代表、青山学院大学非常勤講師。2008年、バンガード・インベストメンツ・ジャパンに初のマーケティング担当として入社。入社当時、販売会社からもバンガードに対するニーズは殆どない状況の中、継続的なマーケティング・広報活動を行う。17年、ステート・ストリート・グローバル・アドバイザーズに入社。ETFに加え、機関投資家・インターミディアリーのマーケティングを担当。現在、金融での勤務に一区切りをつけ、Bogleheads®日本チャプターの活動をしながら、資産の健康に加え心身の健康も追求するため、鍼灸や東洋医学を勉強中。

で言うと、「人生100年時代のライフプラン」をテーマにした世界的ベストセラー『LIFE SHIFT（ライフ・シフト）』（東洋経済新報社）の日本発売が2016年。「人生100年時代」というキーワードを使って、政府は「老後の備えのために資産形成が必要」とのキャンペーンを本格的に展開し始めた。2018年にはつみたてNISAが導入され、2019年には「老後2000万円問題」が浮上しました。2020年、コロナ禍で株価が一気に下がった局面があり、投信の積立の申し込みが急増した。「億劫だから」と投資していない方は相変わらず多くいますが、金野さんのご指摘のように、若者には億劫がらずに動けるフットワークの軽さがあるのでしょう。

水瀬　投資YouTuberの影響も相当あるはずです。動画を見たその日のうちに証券口座開設を申し込み、勧められた投信を買うなど、フットワーク軽く投資を始める人が増えています。私はブログを始めて16年ですが、この1年ほどで私の読者数の7倍くらいの登録者数を獲得したYouTuberもいる。

山崎　確かに最近、楽天証券で特に資金流入が多いのは「S&P500」のインデックス・ファンドです。米国株を強く推すYouTuberが多くいて、その影響を感じます。

水瀬　もちろん、投資を始めるのは良いことです。ただ、**フットワークだけでなく勉強も**

軽くていいという態度は、あまり感心しません。この本などYouTube以外の情報にも接して、S&P500がいいのか、全世界株がいいのかといったことを自分なりに検討してもらうと、さらに賢い個人投資家になれるのではないでしょうか。

金野　**特に若い方々には「時間」という心強い味方がいます。**投資で成功するための本質を理解した上で、短期的ではなく長期的な視点でいろいろ学びながら投資していただきたいと思います。

インデックス投資は「異様」だった?

水瀬　金野さんがバンガードに入社されたのは2008年1月。前職はテレビ制作会社で、通販番組の企画・商品探しなどを担当されていました。リーマン・ショックの前段階、サブプライム問題がかなりきな臭くなっていた頃です。

金野　バンガードのことは全く知りませんでした。外資系の金融機関では通常、経験者しか採りませんが、「未経験者可」でマーケティングの募集がありました。おそらく当時のバンガードは経験者にはあまり人気がなく、応募が少なかったのかもしれません。渋谷区桜丘町の住宅街にあったオフィスの立地も、一般的な外資系金融のイメージとは程遠いものでした。応募にあたりネットで検索したところ、2000年の日本進出に関するニュースを除くと、バンガードに関する記事はほとんど見当たらなかった。

ただ、水瀬さんやrennyさん、NightWalkerさんといった投信ブロガーの方々が、バンガードやインデックス・ファンドの優位性、アセット・アロケーション（資産配分）についてものすごく熱く書いておられ、夢中になって全ての記事を読み込みました。

当時の私は、担当番組の打ち切りに伴いテレビ制作会社をリストラされ、マンションの住宅ローンと、ライブドア・ショックの影響で塩漬けになった日本株のポートフォリオを抱え、手持ち現金もほとんどない状態でした。それまで現金は株の損失を取り戻そうと、さらに日本の個別株に投資し、そのほとんどが買値を大きく下回ってしまっていたため、確実にほぼ市場平均が取れるインデックス・ファンドに強い感銘を受けました。通販番組で紹介する有望な商品を探し出したときのように心が躍り、「バンガードとインデックス・ファンドは絶対いける！　絶対にここで働きたい！」と、勢い込んで面接に臨んだのを覚えています。

山崎　金野さんは、入社当初からインデックス・ファンドの良さを理解されていたのですね。ただ、ほどなく2008年9月にリーマン・ショックを迎えます。当時の個人投資家の様子、あるいは会社の雰囲気はどのようなものでしたか。

金野　仕事が少なく、正直とても暇で、バンガード関連の書籍や投信ブログばかり読んでいました。マーケティング業務は月2本のマネックス・メール用の米国コラムの翻訳と、月1回のバンガードのインデックス・ファンドを組み合わせたバランス・ファンドを販売しているセゾン投信との共催セミナーだけという状態です。

「買ったら損した」「本当に投資していいんですか」といったネガティブな声も目立ち、お客さまは投資に不安と不満をお持ちのようでした。今ではたくさんの参加申し込みが集まるセゾン投信のセミナーですが、リーマン・ショック後は開催するたびに参加者が減り、2009年1月には都心で開催したにもかかわらずスタッフ7人、お客さま6人というマンツーマン以上の状態に。これを最後に月次開催は中止となってしまいました。セゾン投信の直販規模で言うと、現在（2021年11月末）は約15万4000口座、純資産総額（AUM）が4800億円ですが、2009年1月当時は約3万2000口座、純資産総額は170億円でした。

プロモーションやファンド取り扱いを証券会社に提案しても「インデックス・ファンド

は旬なテーマがないのでプロモーションは難しい」「地味すぎる」などと断られ、日本のバンガードは閑古鳥が鳴く状態が続きました。

山崎　証券会社は、個別株だと「これから日本経済はこうなって、こうした業界が成長する。だからこの銘柄を」といったプロモーションをする。インデックス・ファンドに対しては当時、まだうまい説明の仕方を思いつかなかったのでしょう。

２００８年９月のリーマン・ショックの直後、あらゆる投資家が損をしており、雇用や賃金も含めて、世の中の経済全般がひどかった。投資のことなど考えたくもない、ポートフォリオの価値など知りたくもないと、沈鬱な雰囲気でした。あの頃は、水瀬さんのブログに来るコメントも殺伐としていたと容易に想像できます。

水瀬　当時はブログにコメント欄を付けていたので、無茶苦茶に叩かれました。「この詐欺師め」「おまえのせいで退職金が吹っ飛んだ、どうしてくれる」など、全て言いがかりですが、毎日罵詈雑言《ばりぞうごん》を投げつけられた。相場が底を打った２００９年３月を過ぎてからも、しばらくそのような状況が続きました。おかげで、かなり耐性も付いたのですが。

ただ、改めてよく分かったのは、個別株投資をしている人たちから見ると、インデックス投資をしている人たちは異様に映るということです。連日、企業倒産や銀行の国有化、工場閉鎖など悪いニュースが流れ、相場はもっと下がると言われているのに、インデックス投資家は全く売らない。それどころか毎月積立を継続して買い増している。「馬鹿じゃないの」というわけです。

もちろん、インデックス投資家には勝算がありました。**永遠に下げ続ける相場などなく、いずれ上がる。長期の目線で見れば、平均的なリターンに回帰していくという「データ」を理解していたからです。**リーマン・ショックのときにも、生粋のインデックス投資家は安いときに仕込むことができるので、むしろ「買い時」と考えていました。

潮目が変わった瞬間

山崎　リーマン・ショックのような大きさになるかどうかは別にして、マーケットの調子が良くない局面は今後も現れ続けます。そのときにインデックス・ファンドへの投資を止めないことが大事です。むしろ、**多くの人が「もう嫌だ」と思っているときこそが投資のチャンス**だと言える。

この本でも「上げ相場も下げ相場も、全部付き合うつもりで長期投資をしよう」とお伝えしたい。何度改訂しようとも「長期・分散・低コスト」の三原則を繰り返すことになる。

バンガード・ジャパンも、このキーワードを一貫して発信し続けてきましたね。

金野　入社当初、インデックス・ファンドの特長を個人投資家に伝える分かりやすいキーワードがありませんでした。そこで、「バンガードの哲学を一言で表す分かりやすいフレーズを考えよう」と、当時の代表の加藤隆さんと一緒に、米国バンガードが使っているキーワードから三つをピックアップして日本流にアレンジしたのです。

最も伝えたい語順でかつ語呂が良かったのが、「長期・分散・低コスト」。それ以降、バンガード・インベストメンツ・ジャパンのウェブサイトや各種資料に必ず「長期・分散・低コスト」を入れて、普及に努めました。

山崎　金融庁は今、「長期・積立・分散投資」というフレーズを三原則として盛んに使っています。しかし、「長期・分散・低コスト」の方が本質的かつ包括的でしょう。そもそも投資は、積立でも一括でも構わないものです。加えて、低コストは入れて当然の大事な要素です。**投資を成功させるコツは「長期・分散・低コスト」に集約できます。**

金野　「投信ブロガーが選ぶ！ Fund of the Year 2009」でVTが1位になったことで、明らかに潮目が変わりました。それまでは証券会社にキャンペーンを提案しても断られていたのですが、楽天証券から初めて「やりましょう」と、逆にあちらからお誘いがあった。

今ではどこの運用会社や証券会社も「投信ブロガーが選ぶ！ Ｆｕｎｄ ｏｆ ｔｈｅ Ｙｅａｒ」をキャンペーンに活用していますが、当時の主催者の方に協力してもらいキャンペーンを展開したのは、バンガードと楽天証券が初めてです。そこから閑古鳥が飛んで行き、俄然《がぜん》忙しくなりました。毎年「投信ブロガーが選ぶ！ Ｆｕｎｄ ｏｆ ｔｈｅ Ｙｅａｒ」受賞キャンペーンを様々な切り口で展開しましたが、その都度ブロガーや個人投資家の方々から反響をいただき、とてもやりがいがありました。

水瀬　「投信ブロガーが選ぶ！ Ｆｕｎｄ ｏｆ ｔｈｅ Ｙｅａｒ」は２００７年に始まった投資家による投資家のための異色のアワード（賞）です。それまでは、世界的な投信評価会社が主催する「モーニングスター・カンファレンス」など、業界関係者がファンドを評価するイベントが主流でした。そのような業者の都合で選ばれたファンドに乗るのではなく、**「個人投資家が自分たちでファンドを評価して、自分たちで良いファンドを選び、自分たちで広めて良い投資環境を作っていこう」**ということで、投信ブロガーが自分のブログで投票を呼びかけた。

最初はごく小規模だったものの、ネットでの反響は大きく、年を追うごとに業界関係者は無視できなくなりました。ちょうど第3回（投票期間2009年12月1日〜27日、発表2010年1月9日）でバンガードのVTが1位になった頃から、現在のような大掛かりなイベントになりました。今では、「投信ブロガーが選ぶ！ Fund of the Year」で1位を取りたいと、各運用会社は毎年12月の投票期間の前に信託報酬を値下げしたり、新商品を出したり、相当あからさまにこのアワードを意識するようになっています。

山崎　2009年には「インデックス・ファンド」というインデックスに投資している個人投資家の有志が主催する、年1回のイベントが始まりました。

水瀬　VTが1位になった「投信ブロガーが選ぶ！ Fund of the Year 2009」は、2010年1月の第2回「インデックス投資ナイト」で発表されて、表彰式も行われました。今も続く人気イベントで、チケットは毎年争奪戦、数分でソールドアウトします。

山崎　第1回のトークコーナーのゲストに呼ばれた際、出掛けるときに、妻から「インデックス投資家が集まって何するの？　盛り上がる余地があるの？」と、半ば笑われて見送られました。ただ会場に着くと、全国から個人投資家が100人以上集まっていた。メディアも数多く来て、大変な盛り上がりでした。

特に印象的だったのは、参加者の行儀の良さです。いい席の取り合いになったり、ばらばらに座ったりということが全くなく、来場した順に、隅の方からきちんと席を詰めて座っていた。こういう几帳面《きちょうめん》な人たちだからこそ、インデックス・ファンドを理解して投資しているのだろうと、妙に納得したことを覚えています。

日本で高い手数料の投信が売れる理由

山崎　2012年末から「アベノミクス相場」が始まり、それ以降、しばらく株式市場の追い風を受ける状態が続きました。インデックス・ファンドのマーケティングの現場では、どのような変化があったのでしょうか。

金野　バンガードのインデックス・ファンドを組み合わせたバランス・ファンドを提供するセゾン投信のセミナーの様子で言うと、200人の会場がかなり早い段階で埋まるようになりました。セゾン投信の皆さんや中野（晴啓）会長の地道な活動による部分も大きいのですが、リーマン・ショック後の閑古鳥が鳴いていた時期とは雲泥の差です。個人投資家が相当前向きになっていると感じていました。でもなお、インデックス投資は、メインストリームとは見られていませんでした。

水瀬　内閣府が景気拡大の終わりとした2018年10月までを「アベノミクス相場」とするなら、私の場合、特にその前半でマネー誌の取材をたくさん受けました。ただ、インデックス・ファンドの特集は年1回あるかどうかという感じで、ほとんどが個別株、または投資信託であってもテーマ型ファンドの取材でした。これからはバイオ株ファンドが上がる、エネルギー株関連ファンドが来る、新興国株ファンドが狙い目……といった話です。インデックス投資の情報はまだ非常に少ない状況でした。

山崎　インデックス・ファンドがなかなかメインストリームになれなかった背景には、日本の投信マーケットの構造的な問題があるでしょう。それは「販売会社が事実上の購買決定者」だという特殊な構造です。

実は投信に限らず、**日本ではしばしば、消費者が商品を実質的に選んでいません。**販売会社のセールス担当者、あるいはセールス担当者をコントロールしている人たちが、この商品を売ろうと決め、それをお客さんに勧めるからその商品が売れる。そうした構造の中で、投信を扱う金融機関がどのような商品を選ぶかというと、手数料が高く、自分たちが十分儲けられる商品です。

セールス担当者の力を侮ってはいけません。日頃からこれほど「手数料に気をつけろ、毎月分配型の投信は全て駄目だ」と言っている私ですが、数年前に亡くなった時父は毎月分配型のファンドを持っていました。「日頃、お世話になっている担当者から頼まれて、付き合いで買った」のだろうと推測されます。

普通、商品は価格が安い方がよく売れます。けれども、**日本の投信マーケットでは、同じようなカテゴリーで手数料の高い商品と安い商品があると、手数料の高い商品の方がよく売れる**ことがしばしばあるのです。このような構造では投資家が儲かりにくいのは当たり前です。

ただでさえ儲かりにくいところに、投資信託を頻繁に売らせたり買わせたりするセールスをします。当然、投資家のポートフォリオは傷みます。すると今度は新しい投資家のところに行く。焼き畑農業のようなビジネス・スタイルです。対面営業の金融機関では、こうした構造が今も温存されている。

水瀬　山崎さんは投資判断のアドバイスにバイアスがかかるからと、あえてご自身ではインデックス・ファンドに投資していませんでした。でも、2016年にVTを買った。

山崎　インデックス・ファンドを勧める本を書いているのに、自分でインデックス・ファンドを持っていないのは「寂しいなあ」と、特にツイッターの民からチクチクと言われ続けていました。ただ、マーケットについて語る立場なのだから、リスク資産を持たない方が職業倫理的には正しいと考えていたのです。

例えば、自分の持っているものが仮にソニーの個別株だとすると、「ソニーは良い」と勧めるのはポジショントーク的になる。一方、ソニー以外のものを勧めるのは、ソニーが良いと思ってソニーを持っているのだから、嘘をつくことになる。そのため、ずっと銀行預金と郵便貯金で過ごしてきました。ただ、**一本で全世界株に投資できるVTについては、「買うならこれ」とずっと思っていました。**

楽天証券経済研究所の研究員はコンプライアンス上、一般的な投資信託は手続きなしに売買できますが、ETFは所定の手続きをしないと売買できません。明確に「ほったらかし」の証拠を残すためには、それがかえって好都合だとの判断で、VTを1000株買いました。

当時、600万円ほどでした。株価が下がったときには「VTを持っているから、私も損しています」などと話の種にできるかと思っていたのですが、結局、ずっと利益が出続けていて、今、私のVTは倍くらいになっています。ただ、これは私が優れているのではなくて、たまたまに過ぎません。

水瀬　投信ブロガーたちは、山崎さんご自身もいつか何かリスク資産を買うだろうと、興味津々で見守っていたのです。VTは全世界に時価総額で満遍なく投資するわけですから、特定の株や特定の分野を勧めるといったポジショントークになりようがありません。皆さん「うまいな」と思ったはずです。それに、まさにナイス・タイミング・トレードでした。

新NISAをどう評価するか

山崎　近年の動きで言うと、インデックス・ファンドを前面に押し出しているのは「つみたてNISA」でしょう。2018年につみたてNISAが始まってから、業界の様子が変わったという印象はありますか。

金野　金融庁がつみたてNISAの導入を計画して、いろいろ調査しているときはバンガードにいました。それまではアメリカからシニアマネジメントが来ると、金融庁にこちらからご挨拶に伺うなどしていました。それがつみたてNISAに関しては、逆にあちらからバンガードにご連絡があり、出向いて来られたのが印象的でした。

山崎　つみたてNISAでは、金融庁が投信の対象商品を選別しています。当初、業界寄りの人たちの中には「金融庁がOKを出したものしか売れないなんておかしい。金融庁は商品の選別に首を突っ込むな」という反対意見がありました。

ただ、2014年に導入されたNISAでの金融機関の営業ぶりがひど過ぎたので、ある程度の規制はやむを得ないと金融庁が考えた可能性がある。例えば、せっかく利益に課税されない仕組みなのに、多くの分配金が出るようなものを売った。あるいはNISAの中で頻繁に売り買いさせて、手数料を稼いでいた。率直に言って行儀の悪い営業が目に余った。長期の資産形成を普及させるためにNISAを導入した金融庁は裏切られた形です。

そこで、今度は**低コストの商品を長期で持つ投資を普及させようと、明確な意思を表現したのがつみたてNISA**です。2024年から始まる新NISAは、基本的には積立部分がないと残りの部分で株式や投信に投資できない2階建ての仕組みになっている。これも「つみたてNISAのような運用をした方がいいですよ」という金融庁の意思表示でしょう。

水瀬　新NISAは、ベテランの個人投資家にとっても複雑な仕組みです。発表された当初はあまり評判が良くありませんでした。ただ、つみたてNISAに一本化されるとも言われていたので、2023年末で一般NISAがなくなってもおかしくなかった。つみたてNISAに一本化された方が仕組みは単純でしょうが、VTのような海外ETFはつみたてＮＩＳＡでは投資できないので、それはそれで困ります。今まで一般ＮＩＳＡでそのような商品に投資していた人が、非課税枠を延長できなくなってしまうからです。

結局、**新ＮＩＳＡは一般ＮＩＳＡから2階部分にロールオーバー（移管）できる仕組みになりました。**そう考えると、仕組みは複雑になったけれども、なくなるはずの制度が生き残ったおかげで、多様な商品に投資する投資家のニーズには応えてくれるものになったと、プラスに評価できます。ただ、それを使って金融機関が一般ＮＩＳＡ導入時のような変な悪さをしなければいいなとは思っていますが。

山崎　つみたてＮＩＳＡは、要するに「長期・分散・低コスト」を普及するための制度だから、金融庁は長期投資に向いた商品を選んだと言っています。金融庁は新ＮＩＳＡのユーザーに対しても「あなたが自由に選んだ2階と私たちが選んだ1階を比べてみてください。ほら、1階の方が成績は良いでしょ」と言いたいのかもしれません。

ただ、実は金融庁に言われるまでもなく、長期投資に不向きな商品は、短期投資にも不向きなのです。「短期投資には特にこれがいい」といった商品などありません。はっきり言って、低コストのインデックス・ファンド以外はだいたい駄目です。**新ＮＩＳＡでは、1階も2階も全世界株を一本持ったらそれでおしまい。**本書の読者は、このようなシンプルな理解でいい。

全世界株でなるべく「無分配」を

山崎　「全世界株一本で投資する」という本書の方針について、金野さんはどのように評価されますか。

金野　全世界株のインデックス・ファンドは、将来的に上昇する可能性のある株式も保有していて投資先の取りこぼしがないので、やはり良い商品だと思います。それにその時々の時価総額に応じて比率が自動的に調整されるので、好調な株式を多く、不調な株式を少なく持てるという状態が、呼吸するかのように維持されます。要するに**全世界株のインデックス・ファンドを一本買うだけで、メンテナンスフリーのポートフォリオを持てる**わけです。

全世界の株式市場をカバーしているなら、ベンチマークは９０００銘柄超に投資できるＦＴＳＥ（英ＦＴＳＥ Ｒｕｓｓｅｌｌ）の「グローバル・オールキャップ・インデックス（ＧＡＣＩ）」でも２９００銘柄超のＭＳＣＩ（米ＭＳＣＩ Ｉｎｃ．）の「オール・カントリー・ワールド・インデックス（ＡＣＷＩ）」でも良いと思います。全世界株のインデックス・ファンドは、特に今から投資を始めようという方に最適だと思います。

山崎　あえて言うと、同じ全世界株一本でも「無分配」のインデックス・ファンドの方が良いでしょう。**分配金に対しては税金が発生します。**加えて長期保有を徹底する場合、分配金をありがたがるのは合理的だとは言えません。むしろ分配されず、ファンド内で自分の利益が複利運用されていることを良しと考える。もしお金が必要になったら、そのときの値段を気にせずに部分的に解約する。そうした行動が合理的です。

ところが金融機関の情報発信を見ていると、例えば、高齢者を相手に「分配があるもの、高配当なものに投資して、インカムゲインを生活費に充てましょう」と勧める傾向が目立ちます。それに対して「もう一歩、合理的に割り切ってください」と、本を出すたびに繰り返し伝えていますが、なかなか浸透しないので歯がゆく感じます。

水瀬　この20年で、投資に関して「ベテラン」の個人投資家が増えてきました。インデックス・ファンドの取り崩しを始める投資ブロガーもこれから出てくるでしょう。私が第1号になるかもしれない。そのときには、分配金なしのインデックス・ファンドを自分で取り崩す、それで生活する姿を見せていけたらいいなと思っています。私を含め、その実践者たちが情報を発信し始めると、世の中の風向きも少し変わってくるかもしれないと期待しています。

山崎　バンガード以外の商品、例えば「eMAXIS Slim全世界株式（オール・カントリー）」など、金野さんの今の日本のインデックス・ファンドに対する印象はどうでしょう。

金野　多くの運用会社が「低コスト」の商品を出して来ているのは、やはり良い傾向だと思います。ただ、せっかく低コストのものを出しても残高が増えず、繰上償還されてしまったら、投資している方にとって望まないタイミングで売却せざるを得ません。ですから、投資家側も低コストのファンドを買い支えて、運用会社側とウィン・ウィンの関係を築くことが望ましいと思います。

また、「投資対象が狭い」と感じるインデックス・ファンドも少なくありません。もっと幅広で長期的にニーズのある商品を厳選して提供した方が良いと思います。

良質で健全な投資環境を皆で作る

山崎　金融庁に対して「こうしたらいい」というご意見はありませんか。運用会社時代は向こうから注文される立場だったでしょうが、今はある意味で一番強い個人投資家の立場です。この際、忌憚《きたん》なくご提案ください。

金野　「つみたてＮＩＳＡ」というワードは、投資していない層にも相当浸透していますので、その功績はとても大きいと思います。ただし、ワードは浸透しつつあるけれども、なぜ自分にとって投資が必要なのか、強く認識し、行動するまでには至っていない方が多いとも感じます。そのため**最近は、投資する人はする、しない人はしないという「二極化」が進んでいる**のではないでしょうか。

「投資を始めたい」と口ではよく言っていても、なかなか行動に移せない方が相当多いことは、運用会社にいたときからずっと感じていました。皆さんの将来の資産形成のために、私もそこに少しでも貢献したいと考えて、「Ｂｏｇｌｅｈｅａｄｓ®（ボーグルヘッズ）日本チャプター」（後述）の活動を始めたわけです。なぜ投資をした方が良いのか、実体験などをお伝えして、投資家の裾野を広げていきたいと思っています。

また、個人投資家の方から「とにかくコストを下げてほしい」という意見も多く、投資の普及のためにも低コストは確かに重要です。ただ、運用会社にとって低コストの商品は採算性が悪いので、どこかで儲けないといけない。そこでどこで儲けるかというと、高コストの投信を一方で一生懸命に売って、会社全体の利益を上げている場合もある。そのようないびつな投資環境をなくすためにも、投資家層のさらなる拡大が必要だと思います。

個人投資家も運用会社も、合理的で適正な低コストを追求するのが持続可能な資産運用業界発展のためにも良いと思います。例えば、米国のバンガードはファンドごとに3００ドル程度の最低投資金額を定めているほか、残高が少ない場合は口座維持手数料が必要です。要は、投資家はある程度の手数料の支払いを前提に投資する仕組みになっているというわけです。先ほども言いましたが、皆がウィン・ウィンの関係になるような良質で健全な投資環境を皆で作っていくことがやはり大切だと思います。

山崎　低コストの商品が良いということを知らない、リテラシーの低い投資家の手数料で、そのメリットを知っているインデックス投資家のファンドが運営されている。そのような構造以外にも、近年は日本銀行が大量にＥＴＦを買っているので、事実上、日銀から補助金を貰っているような運用会社もあります。先ほどの「セールス」の話のように、投信に関わる日本の構造問題は、なかなか手ごわい。それでも、少しでも良い投資環境を作っていきたいものです。

投資の世界の三大偉人

山崎　金野さんは現在運用会社を離れて、鍼灸《しんきゅう》師になる勉強のかたわら「ボーグルヘッズ日本チャプター」を運営されています。具体的には、どのような活動でしょうか。

金野　ＦａｃｅｂｏｏｋページとＴｗｉｔｔｅｒを使ってボーグルヘッズの投資哲学などを紹介しています。今後は日本語のウェブサイトを開設し、匿名で質問を書き込める掲示板などを運営する予定で、イベントも検討中です。人と人とのつながりが重要だと思うので、オンライン・リアルの両方で開催していきます。「ボーグルヘッズ日本チャプター」をハブにした個人投資家同士が気軽に情報交換できるコミュニティを作っていきたいと考えています。

ボーグル氏は著書『波瀾の時代の幸福論――マネー、ビジネス、人生の「足る」を知る』（山崎恵理子訳、武田ランダムハウスジャパン）の中で、幸福の要素を三つ挙げていますが、ボーグルヘッズの活動は私にとってまさにこれらが当てはまります。

①自主性―自分の人生を自分で決められること。
②関係性―家族や友人など親しい人たちと良い関係でいられること。
③能力を活かす―与えられた才能や自分で獲得した能力を活かし、学びたいと考え、学

ぶ努力を続け、人の役に立つこと。

残念ながらバンガードは2021年に日本から撤退しました。私は経済的自立をある程度達成できたため、やりたいことをやろうと考えたときに、日本に根付き始めた「長期・分散・低コスト」の灯火を灯し続け、バンガードで得た知見と経験を活かして個人投資家の方々とコミュニケーションをとりながら、皆さんの資産形成のお役に立ちたいと思いました。

ボーグル氏はもちろん、バンガードの社外取締役だったバートン・マルキール氏（著書に『ウォール街のランダム・ウォーカー――株式投資の不滅の真理』日本経済新聞出版など）や、同じく社外取締役を務めたチャールズ・エリス氏（著書に『敗者のゲーム』日本経済新聞出版など）といった「偉人」たちから直接薫陶《くんとう》を受けた私だからこそ「私がやらねば！」と、これまでの恩返しの思いも込めて「ボーグルヘッズ日本チャプター」を水瀬さんや虫とり小僧さん、セロンさんといった著名投信ブロガーの方々と一緒に立ち上げました。

水瀬さんは、2016年にバンガードのフィラデルフィア本社を取材するというメディアツアーを企画した際にも自費で参加され、ボーグルヘッズのイベントにも一緒に参加しました。

水瀬　働いている人たちは警備員一人に至るまで皆いい人で、私たちを非常に歓迎してくれて、自分たちの仕事に自信を持っている様子が印象的でした。一緒に行った新聞記者が「アメリカじゅうの良心が集まっている会社」と評していましたが、私も「がめつくなく、嘘をつかず、全ての人に平等に親切にする」という社風をすごく感じました。

金野　バンガードには"Do the right thing"**「全てにおいて正しいことをしよう」**という標語があります。その意識が徹底されているのだと思います。

山崎　ボーグル氏の幸福の三つの要素を私なりに言い換えると、それぞれ**「自己決定」「自分が人から承認されて自分も人に良いことをしているという相互性」「自分はプラスに変化しているという成長の実感」**となります。全く異論はありません。ボーグル氏は、人々がバンガードの運用商品を通じてそれらを達成できるように常に考えていたのでしょう。

投資の世界には「偉人」と呼ばれるような人物が何人もいますが、私のランキングでは**ボーグル氏がナンバーワン**です。2番目が有名な投資家のウォーレン・バフェット氏、3番目がディスカウントブローカー（割安な手数料で売買仲介を行う証券会社）を作ったチャールズ・シュワブ氏です。

自動車に例えると、ボーグル氏は、大衆が乗ることができる安くて安全な車を作った人。バフェット氏は「車に乗るとは素晴らしいことで、こう乗るといいんだよ」と手本を見せてくれた人。シュワブ氏は、車が走る道路を舗装してくれた人です。インデックス・ファンドという「最良の大衆車」を作ってくれたボーグル氏の功績を私は一番に評価したい。

金野　「投資家と同じ目線」というボーグル氏の思想は、運用手数料の安さによく表れています。そして、それを可能にしているのがバンガード独特の会社構造です。一般的な運用会社は外部に株主がいて、配当を出すためにも利益を追求する必要があり、高い手数料を取らざるを得ない。つまり、株主と顧客（投資家）の利益が相反する会社構造になっています。

一方、バンガードには外部の株主が存在しません。バンガードのファンドを買った投資家が間接的にバンガードという会社の株を持つ仕組みになっています。つまり、顧客が株主という構造です。これなら両者の利益は完全に一致します。むしろ**手数料は顧客＝株主のために最大限安くすべし、という会社構造になっている**わけです。ボーグル氏は、投資家と運用会社がウィン・ウィンの関係を築けるようにと、このような会社構造を考え出しました。

そもそも、なぜボーグル氏が1975年、バンガードを創業したのか。直接的なきっかけは米・運用会社ウエリントン・マネージメント・カンパニーのCEO職を解任されたことでした。それで解任翌日、取締役会議長の立場を利用してウエリントンの11のファンドの独立を宣言。役員を任命して「実費ベース」でファンドを運用する権限を与え、バンガードを設立したのです。

独特の会社構造も含め、こうしたバンガードのやり方は金融業界の慣習など既存のルールとの戦いを伴います。そのため、ボーグル氏はSEC（米国証券取引委員会）と何度も掛け合い、司法の場でも争いました。さらに、売り手に頼る販売手法から脱却するため、ノーロード（販売手数料無料）を導入するなど、画期的な取り組みを行いました。

それは単なる反骨精神ではなく、受託者責任を果たすという「Do the right thing」の精神であり、**「全ては投資家のために」という強力な使命感の表れ**でしょう。

山崎　やはり、組織の構造を支える文化やスピリットといった土台が不可欠です。それがあるか、ないかで全く違ってくる。

「ボーグルヘッズの10則」とは

山崎　さて、「ボーグルヘッズ日本チャプター」の啓発活動は投資家に向けてのものです。端的に言うと、ボーグル氏の投資哲学を簡潔にまとめた「ボーグルヘッズの10則」（215ページ参照）を広めていく活動ということになりますか。

金野　その通りですが、念のため注釈が必要ですね。「ボーグルヘッズの10則」はボーグル氏本人がまとめたものではなく、あくまでもボーグル氏の考え方に啓発された、主に個人投資家たちの集団である「ボーグルヘッズ」が、ボーグル氏の言説に基づいてまとめた10項目の投資哲学になります。

水瀬　「ボーグルヘッズの10則」は、驚くほどこの本のエッセンスとそっくりです。考えると当たり前で、私は20年前からボーグル氏の著書『インデックス・ファンドの時代――アメリカにおける資産運用の新潮流』（東洋経済新報社）や『マネーと常識――投資信託で勝ち残る道』（日経BP）、『波瀾の時代の幸福論』などを読み込んで吸収して、それを凝縮するような形でアウトプットしているから、全く違和感がないわけです。

つまり、私の投資判断の基になるような情報発信と商品提供をして来てくださった方が、ボーグル氏なのです。山崎さんも同じような思いでしょう。**「ボーグルヘッズの10則」を この本の「血脈」と位置付けても良い**かもしれません。

山崎　例えば、「❸リスクの取り過ぎや、リスクを取らないことに注意する」は、いわゆる機会損失に対する警告です。「❺マーケットタイミングを探らない」は、上がりそうだから買う、下がりそうだから売るというようなことを一切してはならないという警告です。ボーグル氏は、長年運用業界に身を置いて、マーケットタイミングを探ってうまくいった人間はいないと痛感していた。いずれもこの本の主張と重なります。

特に「❾シンプルに投資する」は、今回の改訂版で大いに意識したポイントと符合します。読者がより実践しやすいように、オリジナル本よりも前回の改訂版、前回よりも今回と、どんどん無駄をそぎ落として来たつもりです。結果的に私たちは、ボーグル氏の投資哲学をどう実践に落とし込むかを考えて、今回の改訂版に辿《たど》り着けたように思えます。

賢く投資することによって幸福を追求できる範囲を広げていくことです。だからこそ、**投資にできるだけ時間をかけない、投資でストレスを持たない、人生を大いに楽しむ。**これが、私たちが主張し続けている「ほったらかし投資術」の最終的に目指すところなのですが、ボーグル氏の考えと一致しています。

❻ インデックス・ファンドを活用する

株式市場全体に投資する最良かつ最低の保有コストにする方法は、インデックス・ファンドを活用することです。典型的な米国外の投資家にとって、１本のグローバル（全世界）株式ファンドやETFへの投資は、完全に分散された株式ポートフォリオを所有する最も簡単な方法です。

❼ コストを低く抑える

運用会社の利益のためではなく、ご自身の利益のために複利で運用しリターンを得る必要があるため、低コストのファンドに投資してください。

❽ 税金を抑える（節税メリットの活用）

株式市場をコントロールできる人はいないため、ご自身でできることに注力し、まずは非課税口座を利用してください。非課税口座に高い期待リターンが見込める株式の資産クラスを充てれば、引退資金をより多く確保できる可能性があります。

❾ シンプルに投資する

１本で全世界の株式に投資ができるインデックス・ファンドに投資してください。シンプルなポートフォリオには多くのメリットがあります。ポートフォリオの把握を容易にし、リバランスの手間を簡素化し、事務処理と記録管理も簡単になります。シンプルなポートフォリオは資産運用に費やす時間と手間を減らし、家族や友人、趣味に時間を多く使えるようになります。

❿ 航路を守る

合理的な投資計画を作ったら、それを堅持すること。それが「航路を守る」ことです。大幅な下落や魅力的な投資商品など、常に気を散らすものがありますが、航路を守り、揺らぐことのないようにしてください。

ボーグルヘッズの10則

❶ 実行可能な計画を立てる

健全な家計の生活スタイルを確立し、シンプルな投資計画を立て、定期的に貯金ができるようになったら投資を始めてください。

❷ 早くから、かつ定期的に投資する仕組みを作る

長期にわたる複利効果を得るためにできるだけ早く投資を始めてください。収入からどの程度を投資に回すかの目安として、人それぞれですが、収入の２割が出発点として適しているかもしれません。

❸ リスクの取り過ぎや、リスクを取らないことに注意する

十分な引退資金を貯めるには、適切な期待リターンが見込める株式に投資する必要があります。株式は値動きが不安定でリスクがあるため、債券にも投資しておく必要があります。夜ぐっすり眠れるアセット・アロケーションにしておけば、マーケットが急落してもパニックになって売りたい衝動に駆られたり、いつ株価が戻るか心配したりすることを回避できます。

❹ 分散する

特定の株式やセクターの投資成績が、継続的にベンチマークとする指標を上回り続けたデータはないため、幅広く分散、または市場全体に投資できる投資信託やETFに投資してください。

❺ マーケットタイミングを探らない

多くの投資家はマーケットタイミングについて二つの共通する過ち、①「昨日のトップパフォーマーに投資すること」②「株式市場の予測を試み、感情を持ち込むこと」により、市場平均以下の成績となっています。マーケットタイミングを探るより、適切な投資計画を作成し、その計画を堅持してください。

金野　せっかくの機会ですから私からも一言、「ボーグルヘッズの10則」を踏まえ、読者の皆さんにアドバイスさせていただきたいと思います。
インデックス投資を始めるにあたり、数時間掛けて仕組みづくりを行い（1日は掛かりません）、その後は1年に一度、1時間ほど掛けてポートフォリオのリバランス（目標比率に戻すこと）をしてください。しかし、この時間以上、マーケットをチェックしたり、金融ニュースをフォローしたりする必要はありません。「ほったらかし」をすることが、よりよい結果をもたらします。
シンプル過ぎて拍子抜けするかもしれませんが、数十年にわたる包括的な調査によると、**市場全体に幅広く投資し持ち続ける「バイ&ホールド」は、他の多くの投資手法に対し一貫して良好なリターンを得ることができるという「真実」**に基づいています。

まずは市場に参加しよう！

水瀬　今回の改訂版で提示したお勧めのインデックス・ファンドについて、最後にご感想などいただけますか。
金野　**とにかく株式市場に参加することに意義があり、まずは少額からでも投資を始めて**

みることが大切だと思います。金融機関によって取り扱い商品が異なりますし、例えば、楽天証券のｉＤｅＣｏで全世界株のインデックス・ファンドに投資しようとすると、全世界株は「楽天ＶＴ」が選択肢になります。「ｅＭＡＸＩＳ Ｓｌｉｍ 全世界株式（オール・カントリー）」と比べると、「楽天ＶＴ」は少しコストが高い。ただそこで、「割高だからやっぱりやめよう」と、投資行動自体にストップをかけないでいただきたいです。

全世界株のインデックス・ファンドに投資をする場合、コストだけでなく、パフォーマンスもあまり気にする必要はありません。ＦＴＳＥに連動する「楽天ＶＴ」とＭＳＣＩに連動する「ｅＭＡＸＩＳ Ｓｌｉｍ 全世界株式（オール・カントリー）」では、どちらかが良いときもあれば悪いときもあります。ただ、その差は軽微でおおむね似た動きをします。つまり、どちらを選んでも投資の成果に大差はないわけです。なので、**全世界株に関しては「まず買ってみてください」**とお伝えしたいと思います。

水瀬　全世界株にまとめて投資するインデックス・ファンドはいくつかありますが、どれにするか悩むよりも、どれでもいいから早く投資した方が良いということですね。

確かに「楽天ＶＴ」の方が割高と言っても、もう「頂上決戦」のようなレベルにまで来ています。手数料は年率０・１％か０・２％かといった違いしかありません。金野さんがおっしゃった「最も安いインデックス・ファンドにこだわる必要はない」「どれを選んでもパフォーマンスに変わりはない」というのは、全世界株の投資環境に関してはそういうレベルにまで来ていると個人投資家として感じます。

この本を読み終えた皆さんなら、インデックス投資を始めることに躊躇する理由は何もないはずです。最後に私からも「早速、投資を始めよう」と、強調しておきましょう。

山崎　そして、いったん買ったらじっと持っておく。「ほったらかし」にしておく！　証券会社は手数料を稼げないので困るでしょうが、全く気にする必要はありません。

人生を大いに楽しむための賢い投資を、皆さんに是非実現してほしいと思います。

・ボーグルヘッズの投資哲学や最新の活動は公式Ｆａｃｅｂｏｏｋページ（www.facebook.com/JapanBogleheads）やＴｗｉｔｔｅｒ（https://twitter.com/JBogleheads）でご確認いただけます。
・Ｂｏｇｌｅｈｅａｄｓ®はThe John C. Bogle Center for Financial Literacyによって商標登録されています。
・Ｂｏｇｌｅｈｅａｄｓ®ならびにＢｏｇｌｅｈｅａｄｓ®日本チャプターはボランティアによって運営され、特定の金融商品やサービス、運用会社の推奨、勧誘等を目的とした組織ではありません。

あとがき

ようやく『全面改訂 第3版　ほったらかし投資術』が完成しました。

Ｔｗｉｔｔｅｒのダイレクトメッセージ（ＤＭ）で「一緒に本を書いてみませんか？」と山崎さんからさそわれた青天の霹靂《へきれき》から10年以上が経ち、「ほったらかし投資術」も増刷を繰り返しながら、初版、全面改訂版、全面改訂 第3版とパワーアップして改訂を重ねてきました。

ほったらかし投資の要諦は普遍的なもので変わりはないのですが、時代の流れとともにより良い商品・サービスがたくさん登場し、読者の考え方も多様化し、「ほったらかし」の名前を冠する類書も多く登場してきました。それを受けて元祖「ほったらかし投資術」もより骨太にシンプル化した「公式本」を作ろうという方針で、一から作り直しました。

今回の改訂版最大のポイントは、今までの版だと共著者がそれぞれ独自の見解を述べる構成であったところ、本書では共著者の意見をすり合わせた統一見解を書くことでした。

これは「言うは易し、行うは難し」の難行でした。事前の打ち合わせでは割とかんたんに意気投合しましたし、ざっくりと統一見解をすり合わせるところまでは実にスムーズでした。

ところが、いざ原稿執筆の段階になると、お互いの原稿に「ここは違う」「それはなぜだ」「ここは譲れない」と侃々諤々《かんかんがくがく》の議論になり、本作りは難航しました。間に立つ編集の大坂さんを長きにわたり大いに悩ませることになってしまいました。

しかし、議論を重ねて乗り越えたその甲斐あって、「山崎はこう考える」「水瀬はこう考える」という読者を迷わせる両論併記の箇所がいっさいなくなり、よりシンプルかつ骨太なロジックとともに、おすすめ銘柄と資産配分のファイナルアンサーをどっしり据えた「ほったらかし投資の公式本」に仕上げることができたと自負しています。

そして、今回の改訂版では、自らのロジックをついに実践で証明することができました。この手間がかからず地味なほったらかし投資だけで、1億円というひとまとまりの資産を

20年間で築くことができたのですから、なかなかのものだと思います。今こうして見ている証券会社の口座管理画面に表示されている数字は、多分に運に恵まれた側面も大きいながらも、ほったらかし投資術が「絵に描いた餅」ではなかったことの一つの証明にもなっています。

もちろん、将来、リーマン・ショック級の市場暴落がまた来ないとも限りません。というよりも、ほぼ確実にまた来ると考えています。その際はまた資産を数十%減らすことになるでしょう。しかし、資産運用とはタイミングを見て資産を売買することではなく「持っている状態」のことです。自分のリスク許容度の範囲内である限り、慌てふためくことなく、議論を重ねて熟成させたほったらかし投資の本質と、今までの20年間の実践経験を胸に、絶対に市場に居座り続けてやろうと今から考えています。

理論と実践が組み合わさった、これがほったらかし投資の決定版です!

最後になりますが、鼎談《ていだん》でインデックス・ファンドの普及の歩みを語ってくれた、元バンガード・インベストメンツ・ジャパンの金野真弓さん、私の投資の大先生・山崎元さん、難航するすり合わせを粘り強くまとめてくれた朝日新聞出版の大坂温子さんに感謝申し上げます。

そしてなにより、この本を手にとってくださった皆さまに厚く御礼申し上げます。皆さまが資産運用の手間から解放され、人生の選択肢を増やし、ハッピーな人生を送られますよう祈念しております。

2022年1月

水瀬ケンイチ

山崎　元　やまざき・はじめ

1958年、北海道生まれ。経済評論家。専門は資産運用。楽天証券経済研究所客員研究員。マイベンチマーク代表。東京大学経済学部卒業後、三菱商事に就職。金融関連で12回の転職を経て現職。『全面改訂　超簡単　お金の運用術』（朝日新書）など著書多数。

水瀬ケンイチ　みなせ・けんいち

1973年、東京都生まれ。都内IT企業勤務。インデックス投資ブログ「梅屋敷商店街のランダム・ウォーカー」を執筆、人気を博す。日本経済新聞やマネー誌などに数多く取り上げられる。主な著書に『お金は寝かせて増やしなさい』（フォレスト出版）など。

朝日新書
857

全面改訂《ぜんめんかいてい》 第《だい》3版《ぱん》　ほったらかし投資術《とうしじゅつ》

2022年３月30日第１刷発行
2024年９月10日第14刷発行

著　者　山崎　元
水瀬ケンイチ

発行者　宇都宮健太朗
カバーデザイン　アンスガー・フォルマー　田嶋佳子
印刷所　TOPPANクロレ株式会社
発行所　朝日新聞出版
〒104-8011　東京都中央区築地5-3-2
電話　03-5541-8832（編集）
03-5540-7793（販売）

Published in Japan by Asahi Shimbun Publications Inc.
ISBN 978-4-02-295167-0
定価はカバーに表示してあります。

落丁・乱丁の場合は弊社業務部（電話03-5540-7800）へご連絡ください。
送料弊社負担にてお取り替えいたします。